DEUTSCHE AKADEMIE DER WISSENSCHAFTEN ZU BERLIN

VORTRÄGE UND SCHRIFTEN

HEFT 49

MAGDEBURGS ENTSTEHUNG UND DIE ÄLTERE HANDELSGESCHICHTE

von

Fritz Rörig †

1952

AKADEMIE-VERLAG · BERLIN

Erschienen im Akademie-Verlag GmbH., Berlin NW 7, Schiffbauerdamm 19
Veröffentlicht unter der Lizenznummer 1218
des Amtes für Literatur und Verlagswesen der Deutschen Demokratischen Republik
Satz und Druck der Druckerei „Thomas Müntzer" Werk Langensalza
Bestell- und Verlagsnummer 2003/49
Preis: DM 2,50
Printed in Germany

VORWORT

Der Aufsatz über Magdeburgs Entstehung und die ältere Handelsgeschichte, den Fritz Rörig in dem zum 250jährigen Jubiläum der Deutschen Akademie der Wissenschaften veranstalteten Sammelband Miscellanea (Band II, 1, S. 103—132) veröffentlicht hat, ist wegen seiner über die lokalen Interessen Magdeburgs hinausgehenden Ergebnisse in so weiten Kreisen auf Interesse gestoßen, daß der Wunsch nach einer neuen Ausgabe in Form einer selbständigen Schrift von vielen Seiten geäußert worden ist. Das Präsidium der Akademie hat im Frühjahr d. J. seine Zustimmung dazu gegeben, daß die Abhandlung in den Vorträgen und Schriften nochmals abgedruckt werde. Rörig hatte sich schon seit längerer Zeit mit einer neuen Ausgabe befaßt. Sie sollte, wie ich seinen Notizen entnehme, einige sachliche Ergänzungen bringen. Diese berühren mehrere, Rörig seit dem Erscheinen der Abhandlung bekanntgewordene oder nachträglich herangezogene Arbeiten von H. Arbmann, S. Bolin, A. von Brandt, H. Jankuhn, S. Katz, W. Koppe und I. Zycha. Durch sie „konnten die Ergebnisse der allgemeinen Literatur in noch stärkerem Maße für das Verständnis der Entstehung Magdeburgs verwertet werden". Sein plötzlicher Tod (29. April 1952) hat ihn verhindert, diese Überarbeitung zu Ende zu führen. Immerhin liegt ein Handexemplar des ersten Druckes mit seinen Zusätzen in einer Form vor, die den Abdruck ohne Schwierigkeiten ermöglicht. Seine langjährige Mitarbeiterin Frau Mechthilde Holst hat den Text einer letzten Durchsicht unterzogen; einige Bemerkungen, die sie auf Grund mündlicher Besprechungen oder von handschriftlichen Notizen hinzugefügt hat, sind durch eckige Klammern kenntlich gemacht worden. Ich übergebe die Schrift der Öffentlichkeit in der Hoffnung, daß sie dazu beitragen wird, das Andenken an F r i t z R ö r i g lebendig zu erhalten.

F r i t z H a r t u n g

Der Name Magdeburg hat seit dem Jahre 1948 im Arbeitsbereich unserer Akademie einen besonderen Klang gewonnen. Ist doch seitdem die furchtbar zerstörte Altstadt Magdeburgs, insbesondere das Gelände um den Alten Markt, der Schauplatz von Ausgrabungen großen Stils, an denen die Akademie durch sehr aktive Mitarbeit beteiligt ist. Als erster großer Erfolg ist dem Schutt der Jahrhunderte die große dreischiffige Säulenhalle des aus dem 13. Jahrhundert stammenden Krämerinnungshauses abgerungen worden, ein Bauwerk, von dessen Existenz niemand etwas geahnt hatte. Es sind aber nicht die jetzt ans Tageslicht tretenden Baulichkeiten, denen diese Untersuchung gilt; nicht einmal die Zeitspanne, in denen sie entstanden sind. Denn sie führt in weit frühere Jahrhunderte, noch über die Zeit zurück, in der der Name Magdeburg auftaucht, also das Jahr 805, und sie endet reichlich zweihundert Jahre früher, als mit dem Bau des Krämerinnungshauses begonnen wurde. Ihr Ziel ist es, dem Problem der frühesten Magdeburger Geschichte, insbesondere auf dem Gebiete der Wirtschaft, mit Hilfe einer Methode näherzukommen, die weniger aus dem längst in allen Einzelheiten durchforschten ortsgeschichtlichen Material, als aus einer aufmerksamen Umschau in der gesamteuropäischen frühmittelalterlichen Handelsgeschichte im Zusammenhang mit den von ihr verursachten örtlichen Niederlassungen neue Ergebnisse zu gewinnen hofft. Ein solcher Versuch ist bei Magdeburg schon aus dem Grunde geboten, weil seine schriftliche Überlieferung im Verhältnis zu der einstigen Bedeutung dieser Stadt so überaus dürftig ist, daß es naiv wäre zu glauben, man könne aus diesen wenigen Nachrichten allein, so wichtig sie uns selbstverständlich auch sind, das Wesentliche wirklich voll herausholen. Im Falle Magdeburg, das den Archivverlust von 1631 zu beklagen hat, ist es am allerwenigsten statthaft, das zufällig Erhaltene an Quellen mit dem Abbild des einst vorhandenen Lebens zu verwechseln; nur ein groteskes Zerrbild wäre auf diese Weise zu erhalten.

Von einer anderen Seite her dürfen wir eine Vertiefung und Belebung unserer Kenntnisse von den Voraussetzungen und dem Wesen älteren Städtewesens erwarten. Ich meine von den sehr beachtlichen Wandlungen, welche die ältere Handelsgeschichte etwa in den letzten dreißig Jahren durchgemacht hat, übrigens in bemerkenswertem Übereinklang mit den Ergebnissen der Frühgeschichtsforschung, unter denen ich die von Dorstadt am Niederrhein und von Haithabu-Schleswig [1]) besonders erwähnen möchte. Von deutschen Historikern nenne ich hier Walther Vogel, dessen Untersuchungen über die Wikorte sich als besonders anregend erwiesen haben. Namentlich verdanken wir der belgisch-französischen Forschung wesentliche Fortschritte auf diesem Gebiete: hier steht der belgische Meister europäischer Stadtgeschichte, Henri Pirenne, an der Spitze einer Reihe hochverdienter Forscher. Von deutschen Wirtschaftswissenschaftlern wären Max Weber und Heinrich Sieveking zu nennen, von den Rechtshistorikern Karl Frölich und Hans Planitz. Endlich darf ich eigene Arbeit in diesem Zusammenhang erwähnen. Diese Forschungsrichtung für das Magdeburgproblem nutzbar zu machen, ihr aber auch aus der genauen Erfassung eines Einzelvorgangs von Rang eine sichere Unterbauung ihrer Erwägungen allgemeinerer Art zu geben, das ist der Sinn dieser Untersuchung.

---

[1]) Über Haithabu vgl. jetzt die aufschlußreiche Zusammenfassung von H. Jankuhn, Ergebnisse und Probleme der Haithabugrabungen 1930 bis 1939, Zs. d. Ges. f. Schleswig-Holstein. Gesch. Bd. 73, 1949.

Selbstverständlich drohen auch bei einem solchen methodischen Vorgehen Gefahren. In der deutschen Stadtgeschichte hat ohnehin ein generalisierender Schematismus mancherlei Schaden angerichtet. Hier erinnere ich nur an Irrtümer, die notwendigerweise entstehen mußten, wenn man sich nicht bewußt war, welche Unterschiede auch im Mittelalter zwischen „Stadt“ und „Stadt“ bestehen konnten und beachtet werden wollen: Jedenfalls ist es unzulässig, daß man etwa Quellenzeugnisse der größten deutschen Stadt, Kölns, nur deshalb mit denen der Bodenseestädtchen Radolfszell oder Allensbach gleichsetzt, weil in ihnen dieselben Vokabeln vorkommen. Denn hinter ihnen verbirgt sich eine gänzlich verschiedene Quantität, aber auch Qualität. Ebenso ist für die Frühzeit der Städte jeder Schematismus zu vermeiden. Die Nachprüfung am Einzelnen, Individuellen muß immer wieder vorgenommen werden. Meine Ausführungen sind durchtränkt von der Überzeugung, daß alles bedeutendere Städtewesen in seiner Entstehung und seiner Funktion nach niemals allein aus örtlichen Voraussetzungen verstanden werden kann, sondern aus Kräften, die sich über weite Räume ausgewirkt haben. Ortsgeschichte und, so hoffe ich besonders, der weitere Verlauf der Ausgrabung mögen Korrekturen an den auf diesem Wege gewonnenen Forschungsergebnissen vornehmen, aber auch Anregung erhalten, die sie aus der Enge des örtlichen Raumes allein nicht gewinnen können.

Magdeburg gehört zusammen mit Mainz und Köln in die Gruppe jener Bischofsstädte, in denen der erzbischöfliche Stadtherr durch die königliche Politik der Ottonen den Bischofsstädten gegenüber seine stadtherrliche Stellung begründet oder gesichert erhält. Mit beiden Städten teilt Magdeburg die Lage an der bevorzugten Stelle eines großen Stromes. Aber: wie verschieden sind schon hier die Voraussetzungen! Der Rhein war Binnenlandstrom, erst des gesamtfränkischen Reiches, dann seit Heinrich I. des ostfränkisch-deutschen Reiches. Die Elbe aber war zunächst weniger Strom der verbindenden Schiffahrt als der breite, weithin versumpfte, schwer überschreitbare Grenzsaum zwischen deutschem und slawischem Siedlungsraum. Zu einer Zeit, als Köln und Mainz bereits die beachtlichen Sitze von Erzbischöfen waren, um 800, war Magdeburg überhaupt noch keine Siedlung, die irgendwie als städtisch anzusprechen war, sondern ein weit, weit von der Basis des Rheins her vorgeschobener Handelsumschlagplatz an der Grenze der Slawen unter dem Schutze eines fränkischen Kastells. Schon hierdurch war Magdeburg eingefügt in den Rahmen einer von der Königspfalz Aachen, wenn auch nicht geleiteten, so doch überwachten gesamtfränkischen Handelspolitik. Sie wollte nicht das Unmögliche, nämlich Handel oder gar den wagenden Fernhändler gewissermaßen im Verwaltungswege „schaffen", sondern förderte und schützte die vorhandene Kaufmannschaft und ihre Initiative durch ihre staatlichen Maßnahmen. Vor allem hatte sie, wie wir noch sehen werden, aus sehr dringlichen Gründen den Wunsch, diese Kaufmannschaft zu erhalten. So will die erste Erwähnung Magdeburgs im Diedenhofener Kapitular Karls des Großen vom Jahre 805 gewertet werden: nach ihr ist Magdeburg jener Platz, bis zu dem Kaufleute, die mit den Slawen Handel treiben, ziehen dürfen.

Bei den wenigen Worten, die das Diedenhofener Kapitular diesen Orten widmet, sollte sofort beachtet werden, daß nicht diese Orte die Hauptsache sind, sondern jene Kaufleute, die sich in Bewegung befinden, *qui pergunt.* Jedenfalls handelt es sich hier keineswegs um in diesen Grenzplätzen ansässige Kaufleute, sondern um solche, die bis zu diesen Plätzen ziehen und selbstverständlich auch von diesen Plätzen wieder zurückwandern. Schon deshalb verbieten sich von selbst alle Vorstellungen von einer aufblühenden Kaufleutesiedlung oder Marktsiedlung Magdeburg im 9. Jahrhundert: denn eben diese Kaufleute sind in der Regel nicht in Magdeburg.

Über Kaufleute solcher Art berichtet eingehender eine berühmte karolingische Verfügung von 828, die in die Formulae imperialis aufgenommen ist. Sie ist zuletzt, 1938, von dem belgischen Forscher Henri Laurent, der leider auch zu den Opfern des Krieges zählt, eindringlich und aufschlußreich interpretiert worden[1]). Aus ihr erfahren wir, daß Kaufleute, die durch namentlich aufgeführte Gebiete des fränkischen Reiches Handelszüge unternehmen[2]), sich unter Königsschutz gestellt haben. An letzter Stelle werden hier Bayern und „Sclavinia", also das slavische Grenzgebiet, soweit in ihm fränkische Amtsträger fungieren, genannt. In Zukunft sollen diese Kaufleute[3]) jedes oder jedes zweite Jahr Mitte Mai nach Aachen in die königliche Pfalz kommen. Hier interessiert der Zweck dieses Aufenthaltes am Aachener Hofe. Er ergibt sich am deutlichsten, wenn man etwas ältere Bestimmungen über die vom Könige geschützte Stellung der Juden in ihrem Verhältnis zum Aachener Hof heranzieht. Die Juden waren damals noch die am meisten hervortretenden Berufskaufleute[4]) des

---

[1]) MGH. Formulae ed. K. Zeumer, S. 314: Praeceptum negotiatorum. Dazu jetzt H. Laurent, Marchands du Palais et Marchands d'Abbayes, Revue historique Bd. 183, 1938, S. 281 f.

[2]) Die Gebietsteile des fränkischen Reiches werden in der Formel im Anschluß an die verschiedenen karolingischen Amtsträger, denen in bezug auf diese Kaufleute Anweisungen gegeben werden, aufgeführt. Selbstverständlich sind das jene Gebiete des fränkischen Reiches, durch die Kaufleute, denen die Verfügung gilt, ziehen.

[3]) Selbstverständlich handelt es sich hier nicht um alle im Frankenreich umherziehenden Kaufleute, sondern nur um jene, die mit der Aachener Pfalz ein besonderes Abkommen getroffen haben. — Der Zeitpunkt, an dem sie Aachen aufsuchen sollen, Mitte Mai, war so gelegt, daß sie während des „*conventus generalis*", wenn also in Aachen ein besonderer Warenbedarf bestand, dort anwesend sein sollten. Vgl. Zeumer, Formulae, S. 315, Anm. 1.

[4]) H. Pirenne, Mahomet et Charlemagne, 1937, S. 236 f. — Die weitere ältere wertvolle Literatur über die Judenfrage im frühen Mittelalter ist verwertet worden, wenn auch auf sie im einzelnen hier nicht in jedem Falle eingegangen werden kann. Schon hier nenne ich das immer noch grundlegende Werk von G. Caro, Sozial- und Wirtschaftsgeschichte der Juden im Mittelalter und in der Neuzeit, Bd. I, 1905. — Das für unser Thema wesentliche Buch von S. Katz, The Jews in the Visigothic and Frankish Kingdoms of Spain and Gaul, Cambridge Mass. (Monographs of the Media-

Fernhandels. Sie waren übriggeblieben von der großen Zahl syrischer, griechischer und jüdischer Kaufleute, die in der Spätantike bis ins 7. Jahrhundert hinein den Handel von Byzanz und den Häfen der syrischen Küste sowie Alexandria nach Marseille und Narbonne vermittelten und von diesen

val Academy of America, No. 12) 1937, ist mir erst nach der Drucklegung bekannt geworden. — Daß die 1941 erschienene Arbeit von W. Z u n c k e, Die Judenpolitik der fränkisch-deutschen Könige und Kaiser bis zum Interregnum ungeeignet ist, von diesen Verhältnissen eine angemessene Vorstellung zu geben, sei nur nebenbei bemerkt. Sie bringt aber S. 81 ff. ein eingehendes Literaturverzeichnis, das die Darstellungen, der Zeit seiner Entstehung entsprechend, in „jüdische" und „nichtjüdische" teilt. Dabei erscheint derselbe Autor, J. S c h i p p e r, mit derselben Arbeit einmal in der einen, das andere Mal in der anderen Sparte! — Die an sich nützliche Dissertation von B. H a h n, Die wirtschaftliche Tätigkeit der Juden im fränkischen und deutschen Reich bis zum zweiten Kreuzzug, Freiburg 1911, geht S. 20 ff. fehl in der Ablehnung eines Überseehandels der Juden von Marseille aus in der Richtung Byzanz-Syrische Küste. Auch hier spielt die um 1900 übliche Art der Quellenkritik mit, nämlich alles, was nicht unmittelbar und Wort für Wort durch Quellen belegt ist, als nicht vorhanden zu behandeln. Allein die Tatsache, daß Marseille, Narbonne und Lyon Hauptplätze von jüdischen Niederlassungen in Südfrankreich sind, läßt Rückschlüsse auf den ständigen Zusammenhang mit der östlichen Mittelmeerküste zu. Es ist allerdings sehr wohl möglich, daß dieser Zusammenhang etappenweise hergestellt wurde, daß also von Marseille aus der Anschluß an die Orientwaren in Neapel oder, jedenfalls noch in merowingischer Zeit, in Karthago gefunden wurde. Vgl. G. M i c k w i t z, Der Verkehr auf dem westlichen Mittelmeer um 600 n. Chr., in: Dopschfestschrift, „Wirtschaft und Kultur", 1938, S. 74 ff. Der unmittelbare Zusammenhang von Juden des Frankenreichs mit der östlichen Mittelmeerküste ist aber auch unter Karl d. Gr. belegt: Vgl. die amüsante Anekdote von dem immer wieder nach „*Judea*" reisenden „*Judeus mercator*", der auf Wunsch des Kaisers einen den Armen gegenüber geizigen Bischof gründlichst hereinlegt. Vgl. Monachus Sangallensis I, cap. 6, in: J a f f é, Bibl. rer. Germ. Bd. IV, S. 647 f. — Bekanntlich haben neben den Juden um 750 bereits die Friesen ihre erhebliche Rolle gespielt. Vgl. B. R o h w e r, Der friesische Handel im frühen Mittelalter, Kieler Diss. 1937. Dieser friesische Handel richtete sich, soweit er nicht Rhein- und Nordfrankreichhandel war, in erster Linie nach dem Norden von Dorstat aus nach Haithabu und Birka, kam aber für den Osthandel (Richtung Magdeburg) kaum in Betracht.

Plätzen als ihren festen Stützpunkten aus das weite Gebiet des fränkischen Reiches durchzogen. Der Hof mit seinen Bedürfnissen an den hochwertigen Waren des Ostens hatte an ihnen erhebliches Interesse: Jüdische Hoflieferanten sind bereits für die Merowingerkönige belegt[1]). So wird die erstaunlich entgegenkommende Schutz-, ja Begünstigungspolitik gegenüber jüdischen Händlern im Karolingerreich verständlich: man tat alles, um sie zu halten, da man sie in den kritischen Jahrhunderten nach dem Arabereinbruch ins Mittelmeer als die einzigen Mittler zwischen dem byzantinisch-orientalischen Kulturkreis und dem fränkischen Reich und fränkischen Hof nicht entbehren mochte [2]). Die Bedeutung dieser jüdischen Händler gewann noch dadurch, daß sie weder von den Christen noch von den Arabern in Spanien belästigt wurden: Es ist gerade ein spanischer Jude aus Saragossa, für den die Formulae imperiales ein Schutzprivileg des fränkischen Königs für seinen ungehinderten Handel im Frankenreich bringen [3]). Sie sind es, die nach dem Wortlaut fränkischer Formulare aus der Zeit vor und nach 825 den Hof mit Waren — selbstverständlich des Fernhandels — zu versorgen haben [4]).

---

[1]) H. Pirenne, a. a. O., S. 89, Anm. 1 und S. 68. — Das schließt nicht aus, daß auch die Franken selbst, nicht nur die Friesen, schon in Merowingerzeit am Wander- und Fernhandel beteiligt sind; das zeigt allein schon das Beispiel des Franken Samo (vgl. unten S. 22, Anmerkung 2). Mit vollem Recht hat A. Dopsch, Wirtschaftliche und soziale Grundlagen der europäischen Kulturentwicklung, Bd. II, 2. Aufl., S. 446 ff. darauf verwiesen. Aber als Vermittler der Orientwaren blieben die Juden doch unentbehrlich und ihr Vorrang auch im Gesamthandel des fränkischen Reiches ist zu deutlich belegt.

[2]) Ebenda, S. 153 und 236.

[3]) Vgl. das Ende der nächsten Anmerkung.

[4]) MGH Formulae ed. K. Zeumer, S. 310 (vor 825): Das bedeuten zweifellos die Worte „*partibus palatii nostri fideliter deservire*" des Praeceptum Judeorum, was der verdienstvolle H. Laurent, a. a. O., in seiner Untersuchung über das Praeceptum negotiatorum (vgl. S. 9, Anm. 1), das uns noch weiter beschäftigen wird, klargestellt hat, ohne auf die Stelle der Judenschutzformel, aus der das Praeceptum negotiatorum offenbar ge-

Um solche den Hof versorgenden Wanderhändler handelt es sich offenbar auch in der Verfügung von 828; soweit es sich um ihre Verpflichtungen als Versorger des Aachener Hofes handelt, sind sie einfach denen der jüdischen Kaufleute unter Königsschutz nachgebildet [1]). Der Kreis der jüdischen Händler erweiterte sich also um christliche Händler, wobei man sich des zeitlichen Vorher der Juden bewußt blieb.

---

schöpft hat, einzugehen. Das hat seine Gesamtinterpretation erschwert. Vgl. unten Anm. 1 — Die Worte „*partibus palatii nostri fideliter deservire*“ begegnen auch in dem Schutzprivileg für einen in Saragossa ansässigen spanischen Juden. Vgl. MGH. Formulae, S. 325.

[1]) Der Druck der Formel bei Zeumer unterstreicht die Vorbildlichkeit der entsprechenden Bestimmung für die Juden durch die Worte „*sicut Judeis*“. Diese Worte werden allerdings von M. Tangl als eine falsche Auflösung der in tironischen Noten geschriebenen Vorlage gedeutet und hier, wie auch in der Formel 32 der Formulae imperiales (Zeumer, S. 311) durch die Worte „*sicut iam diximus*“ ersetzt (N. A. Bd. 33, 1908, S. 197). Ohne einer erneuten paläographischen Untersuchung vorwegzugreifen, möchte ich doch hervorheben, daß sich durch die Tanglsche Korrektur für die inhaltliche Interpretation des Praeceptum negotiatorum nichts ändert. Denn es entspricht nur dem quellenmäßig belegten Tatbestand, daß das Praeceptum negotiatorum die Worte über die Belieferung des Hofes aus dem Praeceptum Judeorum übernommen hat. Vgl. oben S. 11, Anm. 4; das Recht der Juden als der Kaufleute par excellence um 800 war hier eben vorbildlich. — Die von H. Laurent a. a. O. ohne Kenntnis der Vorlage des Praeceptum Judeorum gefundene Interpretation auf „Hoflieferanten“ schließt nicht aus, daß diese Kaufleute in Aachen auch Gebühren für den ihnen erteilten Königsschutz zu zahlen haben, zumal ausdrücklich von den königlichen Schutzbriefen, die jeder vorzuzeigen hat, die Rede ist. Aber die Formel selbst zielt, jedenfalls in erster Linie, auf die von Laurent klargestellte Verpflichtung der Kaufleute ab: das Anbieten von für den Hof geeigneten Waren. Laurents Interpretation des Wortes „camera“ für das Jahr 828 findet eine bemerkenswerte Stütze in einer Feststellung von M. Heyne, Fünf Bücher deutscher Hausaltertümer, Bd. I, 1899, S. 91: „Bei dieser Bedeutung des Raumes (camera) innerhalb der fürstlichen Hofhaltung kann für diese letztere selbst gelegentlich das Wort „kamara“ gebraucht werden“. — Das von Laurent S. 288 erwähnte gänzliche Fehlen von Urkunden an Kaufleute, die auf Grund dieser Formel ausgestellt waren, während den auf die „immunités commerciales“ der Abteien bezüglichen Formeln Dutzende von Urkunden entsprechen, spricht keineswegs gegen das Vorhandensein solcher Urkunden:

Das gilt gerade auch für jene östlichen Gebiete, mit denen in der Formel von 828 durch die ausdrückliche Nennung des slawischen Grenzgebietes des fränkischen Reiches eine erste Verbindung mit den für das Magdeburger Problem wesentlichen Fragen hergestellt ist. Noch in der Zollordnung für Raffelstetten an der Donau bei der Ennsmündung von 904 wird der Begriff Kaufleute erläutert: „Kaufleute, das sind Juden und die übrigen Kaufleute“ [1]), und als die Magdeburger Moritzkirche 965 von Otto Bann- und Gerichtsrechte in Magdeburg erhält, werden dort „Juden und die übrigen dort wohnenden Kaufleute“ genannt [2]).

Zwischen dieser Nachricht von 965 und jener Formel von 828, nach der auch christliche Kaufleute in die bisherige Vorzugsstellung der Juden bei der Belieferung der Aachener Pfalz

---

Auf keinem Gebiet des überlieferten Urkunden- und Aktenbestandes sind die Verluste so enorm hoch, wie auf dem der kaufmännischen Urkunden. Wenn das für die späteren Jahrhunderte gilt, so erst recht für diese frühen. 1925 (Hans. Gbll. Bd. 30, 1925, S. 47; auch Hansische Beiträge zur deutschen Wirtschaftsgeschichte, 1928, S. 193) hatte ich auf diese fast unglaublich hohen Verluste an kaufmännischen Quellen hingewiesen und die Vermutung ausgesprochen, daß bereits im 13. Jahrhundert Handlungsbücher im hansischen Bereich vorhanden gewesen sein müssen, obwohl dort das erste Beispiel für 1330 vorliegt. Meine Vermutung hat sich inzwischen bestätigt. Ein mir von Kollegen Korlén-Lund 1948 zur Meinungsäußerung vorgelegtes Vorsatzblatt des Kopenhagener Kodex des Lübecker Rechts erwies sich als der Rest eines Handlungsbuches eines Kieler Kaufmanns aus dem Ende des 13. Jahrhunderts. (Vgl. G. Korlén, Kieler Bruchstücke kaufmännischer Buchführung. Niederdeutsche Mitteilungen, Jg. 5, 1949, S. 102 ff. mit Faksimile). Wenn in dem unbedeutenden Kiel für diese frühe Zeit Reste eines Kaufmannsbüchleins zutage kommen, wie selbstverständlich müssen sie dann im Betriebe der Kaufleute der bedeutenderen Städte gewesen sein! Erhalten ist von alledem in ganz Deutschland nichts. Die von Laurent angeführte Meinung von A. Grünzweig, daß mit dem absoluten Verlust der „archives privées“ des 9. Jahrhunderts zu rechnen ist, trifft zweifellos zu. Das Fehlen von Urkunden der genannten Art beweist also keineswegs, „la rareté des marchands professionels au IXième siècle“.

1) MGH. Capitularia Bd. II, S. 252.

2) UB. Erzstift Magdeburg Bd. I, Nr. 38, S. 55: „Judei vel ceteri ibi manentes negotiatores.“

einrücken, liegt aber ein Zeitraum von reichlich 135 Jahren. Nicht nur dieser zeitliche leere Raum will überbrückt sein, sondern auch der geographische zwischen dem Rhein und der Elbe: denn aus ihm erfahren wir aus den Quellen nichts von jüdischen Händlern bis ins 11. Jahrhundert hinein.

Um hier weiterzukommen, bedarf es eines Überblickes über die Voraussetzungen städtischen und kaufmännischen Lebens im Gebiete vom Rhein bis zur Elbe. Als 805 Magdeburg zum ersten Male im Diedenhofener Kapitular genannt wird, und als 828 die Verordnung über die Kaufleute getroffen wird, sind Bischofssitze wie Mainz und Worms Plätze, in denen auf Fernhandel bedachte Kaufleute bereits wohnen. Die große Blüte Kölns als Handelsplatz beginnt einige Zeit später im 10. Jahrhundert, als es mit den niederrheinischen Handelsplätzen Dorstadt und Tiel zu Ende geht. Nun besteht allerdings zwischen diesen rheinischen Bischofsstädten und ihren Vorläufern aus römischer Zeit im wesentlichen nur die Kontinuität des Siedlungsplatzes, nicht auch ihrer wirtschaftlichen und rechtlichen Struktur. Ihre römische Stadtverfassung war seit Jahrhunderten tot, und ihre wirtschaftliche Bedeutung war mit dem Abzug der städtebildenden römischen Konsumentengruppen von Legionen oder Verwaltungszentren ins Schattenhafte abgesunken. Aber Ansätze zu einer neuen, wenn auch bescheidenen Aufwärtsbewegung waren gegeben. An die neuen königlichen Pfalzen und Domimmunitäten, die *urbes*, als Stützpunkte hatte sich neues Leben wieder angeschlossen. Im 9. Jahrhundert waren die genannten Rheinstädte bestimmt bereits auch Handelsplätze mit angesessenen, aber noch regelmäßig außerhalb ihrer Heimatstädte weite Strecken als Fernhändler durchwandernden [1]) Kaufmannschaften, wenn auch

[1]) Es wird sehr zu einem besseren Verständnis der wirtschaftlichen und persönlichen Voraussetzungen des mittelalterlichen Kaufmannsstandes in Deutschland beitragen — auch noch des 12. und 13. Jahrhunderts: Gotländer universitas —, daß neuerdings J. Renouard, Les hommes d'affaires Italiens du moyen âge, 1949, S. 73 f. nachdrücklich darauf hingewiesen

das 10. Jahrhundert etwa mit der Entstehung der Kölner Rheinvorstadt die Bedeutung der ansässigen Kaufmannschaft noch steigerte. Allen Rheinstädten stand Mainz damals als Handelsplatz voran.

Trotz der vorübergehenden schweren Störung der rheinischen und der mit ihr eng zusammenhängenden nordfranzösisch-niederländischen Wirtschaft durch die Normanneneinfälle des 9. Jahrhunderts blieb seitdem doch das Rheintal „das feste Rückgrat" nicht nur für den friesischen Handel [1]), der sich von Dorstadt aus nach Schleswig und Birka im Mälarsee erstreckte [2]), sondern auch für jeden nach dem Osten gerichteten Handelsverkehr. Von den Handelsplätzen des Niederrheins und von Mainz zogen die Kaufmannszüge nach dem Osten und dorthin als zu der gesicherten Ausgangsbasis

hat, daß diese „hommes d'affaires" — wir sagen, weniger treffend, „Kaufleute" — noch der Kreuzzugszeit „sont, avant tout, des voyageurs". Mögen sie auch in irgendeiner italienischen See- oder Binnenstadt ansässig sein,: „ils se déplacent constamment". Oft berühren sie ihre Heimatstadt nur „pour conclure de nouveaux contrats et repartir à la saison suivante". Mit Recht hebt Renouard die gewaltigen Strapazen hervor, denen diese Wanderhändler großen Stils sich ständig unterzogen. Ähnliches gilt zweifellos für den deutschen Wanderhändler von Rang.

1) B. Rohwer, a. a. O., S. 16.

2) Ein erheblicher Handel vom Niederrhein über Schleswig nach dem Norden ist auch für das 10. und 11. Jahrhundert gesichert. Vgl. die Arbeit von B. Rohwer und die aufschlußreichen „Sechs Karten zum Handel des 10. Jahrhunderts im westlichen Ostseebecken", die H. Jankuhn mit beachtenswerten kritischen Erläuterungen 1950 in: Archaeologica geographica veröffentlicht hat. Daß seit rund 850 der Norden seinen Bedarf in orientalischen Waren über die Linie Ostsee—Kiew—Bycanz deckte, muß allerdings nach den sehr beachtlichen Feststellungen S. Bolins (in Scandia XII, 1939; ich zitiere nach dem umsichtigen Literaturbericht von A. von Brandt in: Die Welt als Geschichte, 1950, S. 60) angenommen werden. Immerhin stehen den 41 000 kufischen Münzen der Gotländer Münzfunde des 10. und 11. Jahrhunderts 36 100 deutsche gegenüber, die auf das Fortbestehen des Handels mit dem ostfränkisch-deutschen Reich hinweisen (Vgl. A. von Brandt, a. a. O., S. 61). Der starke friesisch-niederrheinische Anteil an der Bevölkerung Schleswigs darf auch in diesem Zusammenhang nicht übersehen werden.

kehrten sie wieder zurück. Von der Art dieses Handelsverkehrs geben uns Urkunden des Klosters Gandersheim einen erfreulichen Aufschluß.

Ludwig III., der 882 gestorbene Sohn Ludwigs des Deutschen, hatte dem Kloster Gandersheim bereits ein Privileg erteilt, daß alle Kaufleute, die vom Rhein zur Elbe und Saale ziehen, in Gandersheim Zoll zahlen sollten. Otto der Große hat dieses Privileg bestätigt und Otto II desgleichen [1]) Ausgangspunkt und Endpunkt dieser wandernden Kaufleutescharen können nicht deutlicher angegeben werden: der Rhein einerseits, Elbe und Saale andrerseits. Zwischen Rhein und Elbe wandern die Kaufleute, wandern sie hin und her und haben östlich des Rheins keine bleibende Statt.

Gandersheim liegt an einer karolingischen Heer- und Handelsstraße vom Rhein zur Elbe. Sie beginnt beim Rheinhafen Duisburg [2]), führt bestimmt über Dortmund, in ihrem südlichen Strang wohl über Meschede, Helmarshausen, Corvey, Gandersheim, während eine nördlichere Filiale von Dortmund Corvey über Soest und Paderborn erreichte. Von Gandersheim nach Magdeburg führten verschiedene Wege: im Süden sind das Kloster Quedlinburg und der Bischofssitz — noch nicht Bischofsstadt! — Halberstadt als Straßenpunkte zu nennen [3]); weiter nördlich: Seehausen und Schöningen, und

---

[1]) MGH. Dipl. Otto I, Nr. 180; Dipl. Otto II, Nr. 119.

[2]) Über Duisburg vgl. F. Tischler, Zur Frühgeschichte der Stadt Duisburg, Forschungen und Fortschritte, Jg. 25, 1949, S. 255 ff.

[3]) Für die Handelswege verweise ich auf W. Stein, Handels- und Verkehrsgeschichte der deutschen Kaiserzeit, 1922, S. 80 ff., und die vorsichtigen, oft skeptischen Ausführungen von H. Bächtold, Der norddeutsche Handel im 12. und beginnenden 13. Jahrhundert, 1910, S. 143, 153 und 163. Dazu über Duisburg im Register. Auch die Ausführungen von W. Möllenberg, Gbll. f. Stadt u. Land Mgdbg., Jg. 55, 1920, S. 15 f. sind zu nennen. — Die Karte von P. Kletler, Nordosteuropas Verkehr, Handel und Gewerbe im frühen Mittelalter, Wien 1924, bedarf der Ergänzung, ebenso, wie die ältere bekannte Karte von Fr. Rauers. Zu beachten ist auch die der eindringenden Arbeit von H. J. Rieckenberg, Königsstraße und Königsgut in liudolfingischer und frühsalischer Zeit, A. f. Urkdn. F. Bd. 17,

noch nördlicher beginnt, nach neuesten Forschungsergebnissen, der älteste „Wik" der Stadt Braunschweig, die in ihrem Namen noch heute den Wikbegriff des früheren Mittelalters bewahrt hat, seine erste Bedeutung auf dem Zuge dieses West-Ostverkehrs zu gewinnen. Mit ihrem westlichen Endpunkt Duisburg wiesen diese Wege auf die Handelsplätze des Niederrheins, die sich in der Reihenfolge Dorstadt, Tiel, Köln bis ins 10. Jahrhundert ablösten, bis dann Köln die große Handelsmetropole des Niederrheingebietes wurde. Namentlich von Dorstadt her wird an den Bischofssitzen Osnabrück, Minden und Hildesheim ein Verkehr vorübergezogen sein, der nördlich des Harzes sich in die verschiedenen unmittelbaren Zugangswege auf Magdeburg einschaltete. Von dem südlicheren dieser Straßenzüge, der unmittelbar am Nordrand des Harzes vorbeizog, ging die Straße nach Mainz ab, die aber auch an Gandersheim vorbeiging und damit zugleich den Mittelrhein mit der Elbe in Verbindung brachte.

Schon vor der Zeit, als 805 das karolingische Kastell Magdeburg erwähnt wurde, hatte eine ganz bestimmte Art des Handels den Anreiz gegeben, vom Rhein her immer wieder zum Osten zu ziehen: das war der Sklavenhandel. Er war bestimmt

---

1942, beigefügte Karte: „Der Reiseweg der Ottonen". Sie zeigt am Beispiel der Königspfalz Grona, daß Königsweg und Kaufmannsstraße nicht überall zusammenfallen (S. 37). Die dort vorgetragene Meinung, daß „Voraussetzung für die Herausbildung einer Handelsstraße" Märkte mit „regelmäßig abgehaltenen Markttagen" bildeten, trifft allerdings für den Raum zwischen Rhein und Elbe in der hier behandelten Zeit nicht zu, sondern beruht auf der üblichen irrigen Bewertung des älteren Handelsverkehrs, dessen Träger nur kleine Händler gewesen sein sollen, die von Markt zu Markt wanderten. — F. Timme verdanke ich den Einblick in seine neuesten Untersuchungen über den ältesten „Wik" Braunschweigs. Vgl. jetzt: F. Timme, Ein alter Handelsplatz in Braunschweig in: Niedersächs. Jahrbuch f. Landesgeschichte Bd. 22 (1950), S. 30—36 u. ders., Ostsachsens früher Verkehr und die Entstehung alter Handelsplätze in: Braunschweigische Heimat 1950, S. 107 ff. [Anfang des 12. Jahrhunderts erscheint der West-Ostweg auch in dem Adressatenverzeichnis des Aufrufes aus Magdeburg gegen die Slaven; vgl. Tangl, Neues Archiv, Bd. 30, 1905, S. 186.]

nicht der einzige Handelszweig, am wenigsten noch im 10. Jahrhundert; aber er hat einst stark die Handelsfahrt in die östlichen Gegenden angeregt. Nicht ohne Grund hängen die Worte „Sklave" und „Slawe" auch sprachlich eng miteinander zusammen, wobei schon hier auf die interessante sprachgeschichtliche Tatsache hingewiesen sein mag, daß die sprachliche Wandlung von Slawe in Sklave ohne arabische Beeinflussung unmöglich gewesen wäre[1]). Wenn sich in den Juden eine Kontinuität des Handels der Spätantike in den Trägern des Handels ergibt, so in den Sklaven eine Kontinuität einer bevorzugten Handelsware derselben Spätantike. Sklavenhandel war im Altertum, aber auch noch im Frühmittelalter[2]) ein legitimer und selbstverständlicher Handelszweig; im Frühmittelalter allerdings unter bestimmten Voraussetzungen und Begrenzungen. Von Anfang der fränkischen Herrschaft, rund 500, haben die kirchlichen Konzile hier zu mildern sich bemüht; und dann hat die karolingische Gesetzgebung eingegriffen[3]). Für den Verkauf christlicher Sklaven waren bestimmte Schutzmaßnahmen vorgesehen, namentlich sollten sie nicht an Heiden, das bedeutete seit rund 700 praktisch an die Araber in Spanien, verkauft werden. Nun war aber damals gerade der Verkauf von Sklaven nach Spanien die große gewinnbringende Chance des Sklavenhandels: Wollte man also diese bedenkliche „Ware" erhalten, so mußte man sie aus

[1]) Ich folge hier G. Jacob, Arabische Berichte von Gesandten an germanische Fürstenhöfe etc., 1927, S. 6.

[2]) Über den fränkischen Sklavenhandel der Merowingerzeit, der die im Osten eingekauften Sklaven — zunächst mehr noch Thüringer und Sachsen, dann vorwiegend Slawen — über Marseille und Narbonne in den Orient vertrieb, vgl. H. Pirenne, a. a. O., passim und A. Dopsch, a. a. O., S. 175 f. Für den Sklavenhandel im Fränkischen Reich nimmt S. Katz (vgl. S. 9, Anm. 4) S. 126 für das ausgehende 6. Jahrhundert im Anschluß an zwei Briefstellen des Papstes Gregor eine monopolartige Stellung der Juden an.

[3]) Dagegen trifft es nicht zu, daß die karolingische Gesetzgebung den Sklavenhandel schlechthin verboten hätte, wie man nach H. Pirenne, a. a. O., S. 236 annehmen könnte.

der heidnischen Welt holen. Und da nach der Christianisierung der Sachsen die Slawen die nächsten heidnischen Nachbarn des fränkischen Reiches waren, so war die Ostgrenze die gegebene Basis für dieses höchst fragwürdige Unternehmen. So ergab sich ganz von selbst für diese Art des Handels eine Verbindung zwischen Spanien als Absatzgebiet und dem heidnischen slawischen Osten als Ursprungsland. Für den Sklavenhandel erstreckte sich dieser „slawische Osten" bis auf den Balkan: im 9. und 10. Jahrhundert haben die Venetianer einen erheblichen Handel mit Sklaven nach dem östlichen Teil der islamischen Welt, vor allem nach Ägypten, getrieben: Das Wort „Sklave" ist wahrscheinlich im Zusammenhang mit dem venetianischen Handel mit Sklaven aus Dalmatien entstanden [1]). Bis ins 10. Jahrhundert hinein wissen arabische Quellen, aber auch der berühmte Reisebericht des Juden Ibrahim ibn Jakub, von dem Handel mit Sklaven nördlich der Alpen, den vor allem die spanischen Juden vermittelten [2]), an dem sich auch die Juden von Lyon eifrig beteiligten [3]), zu berichten. Nach den Angaben Liudprands von Cremona, des Chronisten des 10. Jahrhunderts, waren die Kaufleute von Verdun am Einkauf von Sklaven ebenso beteiligt wie an dem Weiterverkauf nach Spanien, wo die Kalifen von Cordoba im

[1]) Vgl. A. Schaube, Handelsgeschichte der romanischen Völker, 1906, S. 22 f. — Vgl. ferner H. Pirenne, a. a. O., S. 158 und den Artikel von Dobschütz, Sklaverei und Christentum, Haucks Realenzyklopädie f. protest. Theologie und Kirche, 3. Aufl., Bd. 18, S. 430. — Neuerdings hat Y. Renouard, a. a. O., S. 11 ff. und S. 17 die besondere Bedeutung dieses Handels mit „esclaves, qui provenaient des razzias faites en pays germain et slave, aux confins de l'empire franc, par des professionels de la chasse à l'homme" für den Handel von Venedig, aber auch von Neapel in Richtung ostwärts (Ägypten) hervorgehoben: diese hochbezahlte „Ware" diente nach seiner Auffassung auch dazu, dem goldentblößten Okzident wieder etwas Gold zuzuführen.

[2]) Vgl. z. B. G. Jacob, Welche Handelsartikel bezogen die Araber des Mittelalters aus den nordisch-baltischen Ländern? 2. Aufl. 1891, S. 13.

[3]) Vgl. von Dobschütz, a. a. O., S. 431 und B. Hahn, a. a. O., S. 31.

10. Jahrhundert eine zahlreiche Truppe aus durch den Handel erworbener Sklaven unterhielten [1]).

Was für das 10. Jahrhundert berichtet wird, ist der Ausklang eines seit Jahrhunderten geübten Brauches, auch des 9. Jahrhunderts. Es ist kein Zufall, wenn in dem Formelbuch der Kanzlei Ludwigs des Frommen die Schutzformel für einen jüdischen Kaufmann gerade für einen spanischen Juden aus Saragossa ausgestellt ist [2]); das geschieht zu derselben Zeit, als die Verordnung für die Kaufleute auch für das slawische Grenzgebiet ausgestellt wird. Übrigens findet sich auch in dem Präzept für unsern spanischen Juden die ausdrückliche Verpflichtung, als Hoflieferant in Aachen zu fungieren; hier allerdings zweifellos mit anderen Waren als mit Sklaven. Aber fremd war diesem spanischen Juden der Sklavenhandel bestimmt nicht; denn es wird ihm ausdrücklich, entsprechend dem allgemeinen Judenprivileg, gestattet, fremde Sklaven zu kaufen. Wenn es dann allerdings weiter heißt, er solle sie innerhalb des fränkischen Reiches verkaufen, so entspricht diese Formel zwar den Bestimmungen der Konzile [3]); aber die Spanne zwischen Verordnung und Wirklichkeit wird im Falle des Sklavenhandels nach Spanien besonders kraß gewesen sein. Hier, in diesem Juden der Formel aus der Zeit von etwa 830, findet sich also alles plastisch zusammen: der Sklavenkauf, der selbstverständlich im Osten getätigt wurde, die Ver-

[1]) Liudprand von Cremona, 3. Aufl. 1915 (Schulausgabe), S. 156, und W. Stein, a. a. O., S. 108 f.

[2]) MGH. Formulae, S. 325, vgl. oben S. 11.

[3]) Vgl. insbesondere die im Anschluß an ältere Konzilsbeschlüsse auf dem Konzil von Meaux (845/846) getroffene entrüstete Entschließung über den Handel mit heidnischen (d. h. slawischen) Sklaven nach Spanien hinüber, durch den nur die Kraft des „*sevissimus hostis*" gestärkt würde. Aus diesem Beschluß erfahren wir auch, daß „christliche und jüdische Kaufleute" an diesem Handel beteiligt sind, welche „*per tot populos et civitates transeuntes*" (man denke an die in der Fulda badenden „Slawen"!) diese unglücklichen Sklaven zu den Arabern nach Spanien „*perducunt*", obwohl Sklaven doch vorher in christlichen Ländern verkauft werden könnten. MGH. Cap. Bd. II, S. 419, Abs. 76.

bindung nach dem Importland Spanien und die Beziehung zum Aachener Hofe.

Selbstverständlich ist es der reine Zufall, wenn wir einmal etwas Konkretes von diesem Sklavenhandel an der Ostgrenze selbst erfahren: Einzelheiten über den Magdeburger Handel des 9. und 10. Jahrhunderts kennen wir bekanntlich überhaupt nicht. Aber ebensowenig können wir sein Vorhandensein deswegen bezweifeln; wir haben vielmehr die höchst wissenschaftliche Pflicht, durch eine methodisch gezügelte Kombination dies Vakuum einigermaßen zu füllen. Das kann nur durch den Vergleich mit Nachrichten von der übrigen Ostgrenze, die, das gilt namentlich für den Sklavenhandel, verwandte Bedingungen hatte, geschehen. Da nenne ich gleich eine Nachricht schon des 8. Jahrhunderts, die noch nie in diesem Zusammenhang verwertet ist.

Als um 740 Sturmi, der spätere erste Abt von Fulda, auszieht, um den rechten Platz für seine Klosteranlage festzulegen, kommt er an der Fulda an einer Schar von Slawen vorbei, die sich in der Fulda durch ein Bad reinigen. Aus dem weiteren Bericht ergibt sich deutlich, daß es sich hier um heidnische Slawen handelt. Man hat für die Erklärung der Herkunft dieser Slawen an der Fulda mancherlei Lösungen versucht: z. B. hat man in ihnen eine große Schar slawischer Kaufleute auf ihrem Zuge nach Mainz sehen wollen [1]). Aber von solchen slawischen Kaufmannszügen nach Mainz ist nicht das mindeste bekannt; sie sind mehr als unwahrscheinlich. Das Rätsel löst sich meines Erachtens, wenn man in ihnen einen Transport solcher im Osten aufgekaufter Slawen sieht, die nun auf der alten nach Mainz führenden Königsstraße ihre unfreiwillige Reise machten [2]). Solche Sklavenzüge sind für

---

[1]) So V o n d e r a u , Die Gründung des Klosters Fulda, 1944, S. 11 (nach einem freundlichen Hinweis von E. S t e n g e l). Schon E. O. S c h u l z e , Die Kolonisierung und Germanisierung der Gebiete zwischen Saale und Elbe 1896, hatte in diesen Slawen „slawische Händler" gesehen.

[2]) Vita Sturmi, cap. 7: MGH. S. S. II, S 369.

das 7. Jahrhundert im Westfrankenreich belegt. Der heilige Eligius von Noyon, der berühmte Schutzheilige der Goldschmiede, kauft aus Sklavenzügen, unter denen damals noch viele Sachsen gewesen sein sollen, vorher auch Thüringer, 20—100 Sklaven auf einmal frei[1]). Und dann steht es von dem berühmten oder auch berüchtigten Franken Samo fest, daß er eigentlich als Führer einer ganzen Kaufleutegruppe von Sklavenjägern nach dem Osten gekommen war, dort aus dem Zufall des Abenteurerlebens heraus ein slawisches Reich schuf, dessen Kriege gegen die Awaren ihm nun von dort die erwünschte Menschenbeute lieferten [2]). Schon der Sklavenhandel allein hätte bedingt, daß die Karawanen von Wanderhändlern bewaffnet waren; nicht nur der seefahrende Wiking führte das Schwert auf seinen Fahrten mit.

Reichen also diese Nachrichten über Sklavenhandel vor die Entstehung Magdeburgs zurück, so reichen andere bis in den Anfang des 11. Jahrhunderts. Noch 999 war der Kummer des heiligen Adalbert von Prag über einen jüdischen Kaufmann, der mit unseligem Gelde in Prag Sklaven aufkaufte, einer der Gründe, warum er sein Bistum aufgab. Wegen des Verkaufs von Unfreien an jüdische Händler mußte 1009 Heinrich II. gegen Gunzelin von Meißen einschreiten [3]). Im 11. Jahrhundert geht es aber mit dem eigentlichen Sklavenverkauf zu Ende: Bereits Konrad II. hat sich um 1030 scharf gegen den Verkauf von kirchlichen Manzipien, also Unfreien, gewendet [4]). Noch 1057 weist die Bezeichnung einer Zollart, „otroce", in der Gründungsurkunde des Kollegiatstifts St. Stephan in Leit-

---

[1]) MGH. SS. rer. Merov. Bd. IV, S. 677. — Thüringer als Sklaven im Gallien des 6. Jahrhunderts: z. B. H. Pirenne, a. a. O., S. 80, Anm. 1.

[2]) Vgl. dazu C. Verlinden, Le Franc Samo, Revue Belge de philologie et d'histoire, Bd. XII, 1933, S. 1094 f. und dazu H. Pirenne, a. a.O., S. 79.

[3]) W. Stein, a. a. O., S. 107 und die dort angeführte Thietmarstelle. Vgl. auch J. Zycha, Prag, Mittlgn. d. Ver. f. Gesch. d. Dtschn. in Böhmen, Bd. 49, 1911, S. 295 f.

[4]) MGH. Const., Bd. I, S. 85.

meritz auf einen Zoll hin, der mit Sklaven, otroc, zusammenhängen muß. Unter Zollpflichtigen werden hier „Graecus et Judeus“ genannt: der byzantinische Händler vom Südosten her, und der jüdische vom Westen her scheinen sich hier begegnet zu sein. In der Bestätigungsurkunde von 1218 sind bezeichnenderweise beide — Grieche und Jude — verschwunden [1]).

Wozu nun hier eine so eingehende Behandlung des Sklavenhandels vom 7. bis ins 11. Jahrhundert? Weil er zweifellos auch für Magdeburg eine wesentliche Bedeutung gehabt hat [2]); und dann: weil an ihm die Weiträumigkeit der Handelsbeziehungen, aus denen heraus der Magdeburger Grenzhandelsplatz der karolingischen Zeit entstand, deutlichst zu erkennen ist. Es ist gewiß nicht nötig anzunehmen, daß jeder jüdische Sklavenhändler aus Spanien selbst zur Ostgrenze gezogen sei; es spricht viel für die Vermutung, daß Mainz der Umschlagplatz war, wo die im Osten eingehandelten Sklaven gegen klingendes Geld oder Waren umgesetzt wurden. Über Metz und Verdun mag dann die lebende Ware weitergewandert sein nach Spanien. Wenn Otto der Große 953 einer Gesandtschaft an den Kalifen von Cordoba einen Kaufmann aus Verdun beifügt, so bestätigt dies nur den Zusammenhang des Verduner Handels mit Spanien [3]). In Mainz wird eine erhebliche Warenverteilung nach verschiedenen Richtungen hin erfolgt sein.

Von Mainz aus dagegen nach dem Osten, etwa nach Prag, insbesondere bis Magdeburg, gab es nur *einen* einheitlichen Handel von wirklicher Bedeutung über den ganzen Raum von Mitteldeutschland hinweg: den des rheinischen Wanderkauf-

---

[1]) Vgl. die bei B. Weißenborn, Die Elbzölle und Elbstapelplätze, 1901, S. 13 ff. behandelte Urkunde Regesta diplomatica Bohemiae et Moraviae Bd. I, Nr. 124.

[2]) Das hat schon G. Caro, Sozial- und Wirtschaftsgeschichte der Juden im Mittelalter und in der Neuzeit, Bd. I, 1905, erkannt: S. 191. Vgl. auch W. Stein, a. a. O., S. 107.

[3]) W. Stein, a. a. O., S. 108 f., und R. Holtzmann, Geschichte der Sächsischen Kaiserzeit, 1941, S. 170.

manns, dem sich westliche Kaufleute, etwa spanische Juden, angeschlossen haben mögen. Dasselbe gilt von den Händlern der anderen rheinabwärts gelegenen Plätze. Die rheinische Ausgangsbasis und die östliche Endstation der Handelszüge stehen also fest; aber auch die Einheitlichkeit ihrer personellen Zusammensetzung: Als wir im 10. Jahrhundert zum ersten Male etwas von einer in Magdeburg, aber auch in Merseburg und Halle ansässigen Bevölkerung erfahren, entspricht sie der Zusammensetzung der kaufmännischen Bevölkerung der Rheinstädte wie ein Spiegelbild über den weiten mitteldeutschen Raum hinweg: den „*Judei vel ceteri ibi manentes negotiatores*" des Magdeburger Privilegs von 965, den „*Judei et mercatores*" in Merseburg von etwa 980 stehen noch nach 1074 in einem berühmten Privileg Heinrichs IV. für Worms dort die „*Judei et coeteri Wormatienses*" gegenüber [1]). Das ist selbstverständ-

[1]) Seit der Untersuchung von H. Wibel, Archiv f. Urkundenforschung, Bd. 6, S. 239—243, steht es fest, daß die Worte „*Judei et coeteri*" später auf einer in der Urkunde vorhandenen Lücke nachgetragen sind. Wibel hielt die Eintragung für eine einige Jahre später von der Hand des Kanzleinotars erfolgte Nachtragung. Demgegenüber hat D. von Gladiß die These vertreten, daß dieser Nachtrag auf einer vermutlich für die Nennung einer weiteren Zollstelle vorbehaltenen Lücke weit später, erst nach 1200, von unbefugter, also offenbar jüdischer oder projüdischer Seite erfolgt sei (vgl. D. von Gladiß, Judei et coeteri Uormatienses, Der Wormsgau, Bd. II, 1936, S. 262 f., und die kritischen Bemerkungen zu dem Druck des Privilegs in dem von ihm herausgegebenen Diplomata-Band Heinrichs IV., Teil I, 1941, Nr. 267, S. 341). Nach von Gladiß würde die Fälschung erst nach der Bestätigung durch Otto IV., also nach 1208, erfolgt sein. Ich halte diese These für nicht zutreffend. Schon aus paläographischen Gründen ist es meines Erachtens ausgeschlossen, eine so späte Entstehung der Interpolation anzunehmen; man bedenke, wie sorglos die weitaus meisten Urkundenfälscher hinsichtlich der Vertuschung der zeitlichen Entstehung ihrer gefälschten Einschübe waren. Hier hat meines Erachtens H. Wibel vollkommen recht, wenn er den Einschub zwar später, aber bestimmt noch im 11. Jahrhundert vornehmen läßt. Die Frage, ob er kanzleimäßig, also legitim, erfolgte oder außerkanzleimäßig, also illegitim, lasse ich hier unerörtert. Von Gladiß befindet sich aber in der allgemeinen Beurteilung des Judenproblems im frühen und hohen Mittelalter in einem erheblichen Irrtum. Er ist der Ansicht, daß zunächst die Juden „nicht ohne weiteres an der den

lich kein Zufall: hier hat die Zusammensetzung der kaufmännischen Bevölkerung der Rheinstädte mit ihrer starken Betonung des jüdischen Elements erst die Zusammensetzung der Handelszüge nach dem Osten bestimmt und dadurch auch die Zusammensetzung der ersten ansässigen kaufmännischen Be-

Bürgern von Worms gewährten Vergünstigung beteiligt sein konnten" (Wormsgau, S. 262), und daß diese Vergünstigung erst später auf die Juden „ausgedehnt" wurde. Diese Auffassung verkennt die Richtung, in der sich das Judenproblem vom 11. Jahrhundert hinüber ins 12. und 13. Jahrhundert entwickelt hat. Gerade in den Rheinstädten, insbesondere auch in Worms, bedeutet das Jahr 1096, also das Jahr des ersten Kreuzzuges, eine ungemein scharfe Zäsur: Schon G. Caro hat diese Wandlung vollkommen deutlich herausgearbeitet (a. a. O., S. 211 ff., für Worms dort S. 208). Vorher, d. h. bis zum ersten Kreuzzug, „war auf deutschem Boden bisher den Juden ein sehr friedliches Dasein beschieden"; man kann hinzufügen: die seit der Karolingerzeit zu beobachtende Begünstigung der Juden, ihre wirtschaftlich führende Stellung, gerade auch im Fernhandel, geht bis zum Ende des 11. Jahrhunderts. (Man vergleiche hier nur den Satz über die Garantie des ungehinderten Fernhandels der Speyrer Juden innerhalb des Reichs im Speyrer Judenprivileg Heinrichs IV. von 1090, Febr. 19: Mon. Boic., Bd. 31, I, S. 369, Nr. 196). Aber dann bricht sie plötzlich ab. Es ist gänzlich ausgeschlossen, daß im 13. Jahrhundert irgendein Fälscher in eine von der Stadt Worms aufbewahrte Urkunde hineininterpolieren konnte: „*Judei et coeteri (Wormatienses).*" Das wäre um 1220 ein unmöglicher Anachronismus gewesen. Wenn dagegen im Privileg Heinrichs V. Juden immerhin noch an zweiter Stelle genannt werden, dann entspricht diese Linie weit eher der tatsächlichen Entwicklung. Ich erinnere daran, daß wir genau dieselbe Linie, nämlich von den *Judei* an erster Stelle, dann an zweiter Stelle und dann überhaupt nicht mehr, für Magdeburg festzustellen haben (vgl. S. 45, Anm. 1), wenn auch hier aus bestimmten Gründen (vgl. dazu S. 45) mit einer frühzeitigen freiwilligen Verringerung der jüdischen Bevölkerung zu rechnen ist, während in den Rheinstädten die alte Vorrangstellung der jüdischen Kaufleute bis zum ersten Kreuzzug immerhin noch in Anspruch genommen werden konnte. — Die redaktionelle Schlußbemerkung zu dem Aufsatz von Gladiß in der Zeitschrift „Der Wormsgau", 1936, S. 263, Anm. 9, von dem Herausgeber F. Illert lehnt übrigens im Grunde genommen die These von Gladiß ab. Auf die von Illert vermutete Gleichzeitigkeit der Interpolation mit der Anfertigung des Monogramms ist von Gladiß in den Bemerkungen zu seiner Diplomataausgabe nicht eingegangen. Trifft die Vermutung Illerts zu, dann würde das eine Bestätigung der von Wibel angenommenen kanzleimäßigen Entstehung des späteren Nachtrags bedeuten.

völkerung Magdeburgs, als es zu einer wirklichen Niederlassung von Kaufleuten in Magdeburg kam[1]). Und damit kehren wir zu einer näheren Betrachtung der Magdeburger Verhältnisse im engeren Sinne zurück.

Die Rolle, die Magdeburg im 9., aber auch noch im beginnenden 10. Jahrhundert im Rahmen des frühmittelalterlichen Handels zufiel, ist eigentlich bereits geklärt. Zunächst negativ: Magdeburg war bis ins 10. Jahrhundert hinein keine „Kaufmannssiedlung". Auch das Wort: „Marktsiedlung" [2]) würde nur verwirrend wirken. Es war ein Grenzhandelsumschlagplatz, der entsprechend der karawanenartigen Organisation des frühmittelalterlichen Handels in den festen Rhythmen dieser Züge zu genau fixierten Zeiten aufgesucht und dann wieder verlassen wurde. Waren die Fernhandelskarawanen wieder abgezogen, so lag der Platz, jedenfalls seiner wirtschaftlichen Hauptfunktion nach, im wesentlichen tot da. Seine Baulichkeiten und in ihnen etwa aufgespeicherte Waren standen unter dem Schutz des gerade auch diesem Zwecke dienenden Kastells; bis dann der nächste Zug vom Rheine her eintraf und dann plötzlich wieder reges Leben in diesem Kaufmannswik, so nennen wir den Platz im Anschluß an die gute begriffliche Formulierung Walther Vogels am besten [3]), einsetzte. Vor allem müssen wir die Vorstellung meiden, als

---

[1]) Auch G. Caro, a. a. O., S, 191, ist es aufgefallen, daß Juden in fester dauernder Ansässigkeit mit Sicherheit überhaupt nur für folgende westliche Plätze festzustellen sind: Metz, Trier, Köln, Mainz, Worms; dann aber erst wieder in Magdeburg und Merseburg. Hinzu kommt, gewissermaßen als vorgeschobener Exponent des Westens, Regensburg.

[2]) Viel zu früh setzt z. B. auch S. Rietschel, Markt und Stadt, 1897, S. 54, „den regelmäßigen Marktverkehr" in Magdeburg an.

[3]) Mit vollem Recht bemerkt W. Vogel, Hans. Gbll. 1935 (36), S. 32, daß wir den Wikbegriff auch dann anzunehmen haben, wenn das Wort für den betreffenden Ort nicht vorkommt, aber der Sachinhalt des Wortes offenbar gegeben ist; dasselbe gilt für das Wort gleicher sachlicher Bedeutung portus. Auch H. Planitz hat sich in der Sache W. Vogel angeschlossen und betrachtet Magdeburg als „Wik". [Ergänzend sei noch bemerkt, daß offenbar auch für Magdeburg eine namentliche „Wik"überlieferung besteht;

ob dieser Handel aus den örtlichen Bedürfnissen Magdeburgs selbst entstanden wäre. Ein für den Grenzverkehr bestimmter „Jahrmarkt": das ist vielleicht die zutreffende Charakterisierung dieses kaufmännischen Lebens in dem Wik Magdeburg, vorausgesetzt, daß diese Züge regelmäßig einmal im Jahre und nicht häufiger stattfanden.

Eine feine Beobachtung von Walther Vogel[1]) stellt fest, daß diese Kaufmannswike den sie aufsuchenden Kaufleuten oft weniger zum Verkaufen, als zum Einkauf von Waren dienten: sie erfüllten also in den bescheidenen Voraussetzungen ihrer Zeit etwa den Zweck unserer heutigen Messen [2]). Diese Versorgung mit Ware tritt beim Sklaveneinkauf im Osten besonders deutlich hervor. Auch konnten hier östliche Überschußwaren, vor allem Pelzwerk und Häute, Honig und Wachs, aufgestapelt werden, die dann vom rheinischen Kaufmann teils gegen Barzahlung, die in Magdeburg in erheblichem Maße stattgefunden haben muß, teils gegen Warenaustausch für den eigenen Handel auf der Rückfahrt ins rheinische Ausgangsgebiet mitgenommen wurden. Auch die seit 850 im slawischen Gebiet östlich von Magdeburg vergrabenen islamischen Münzen mögen hiermit zusammenhängen [3]). Das

---

so gebraucht u. a. Rollenhagen in seinem „Froschmäuseler" den Ausdruck „Mäschenwigk" für Magdeburg. Vgl. Elschner in: Jahresbericht der Realschule zu Schmalkalden 1900/01, S. 4, Anm. 2. Der Hinweis wird Frl. Inge Beckmann, Halle, verdankt.]

[1]) W. Vogel, Hans. Gbll. 1935 (36), S. 23. Vgl. auch J. Zycha, a. a. O. S. 300 f. — Seine, den damaligen wirtschaftsgeschichtlichen Anschauungen entsprechende Ansicht, daß „dem wagemutigen Kleinhändler" „der regelmäßige Handel großen Stils nachfolgte", teile ich allerdings nicht.

[2]) Mit vollem Recht hat H. Sieveking im Grundriß der Sozialökonomik, Abt. V, Teil 1, 2. Aufl. 1925, S. 22, auf den scharfen Gegensatz „zwischen dem Wochenmarkt der Stadt" und „der Messe, die im wesentlichen eine Zusammenkunft von Händlern ist", hingewiesen. Selbst wenn in dem Wik Magdeburg ein bescheidener Markt der Einheimischen bestanden hat, so besteht seine eigentliche Bedeutung doch in seiner Messefunktion, und deshalb vermeide ich den hier nur verwirrenden Begriff: „Marktsiedelung".

[3]) Vgl. A. Suhle, Die deutschen Münzen des Mittelalters, o. J., S. 38.

Einkaufen war dann also wichtiger als das Verkaufen. Solche Warenbeschaffung im großen setzt selbstverständlich einen Großhandel voraus. Der jüdische Handel ist es gewesen, der hier ein wesentliches Stück antiker Wirtschaftsform herübergerettet und damit auch zu der so oft besprochenen Kontinuität vom Altertum zum Mittelalter beigetragen hat. Es war ein schwerer Fehler unserer älteren deutschen Wirtschaftsgeschichte noch um 1900, jeden Wanderhandel, weil er uns nur noch in der Form des Hausierhandels bekannt ist, als kümmerlichen Kleinhandel [1]) abtun zu wollen. Kleine Krämer hat es auch im 9. und 10. Jahrhundert bestimmt gegeben [2]); auch Übergangsformen vom kleinen Hausierer zum Fernhändler größeren Stils [3]).

---

[1]) Selbst für die kleinen dieser Wanderhändler ist der Name „Hausierer" ungeeignet, da sie nicht oder wenigstens zumeist nicht unmittelbar die Kunden, sondern Märkte aufsuchten, worauf F. Keutgen, Hans. Gbll., Jg. 1901, S. 81, Anm. 32, hinweist. Solche kleinen Wanderhändler, die sich den Großen anschlossen, mögen den örtlichen Markt des Wik belebt haben.

[2]) F. Ganshof hat in den Melanges Jorga, 1933, S. 304, den Unterschied von „kleinen" und „großen" venetianischen Wanderhändlern in Pavia für das Ende des 9. Jahrhunderts anschaulich herausgearbeitet. Den negativen Schlußfolgerungen für den gleichzeitigen Handel des übrigen westlichen Europas (S. 307) kann ich allerdings nicht zustimmen. Hier teile ich die Auffassung von H. Pirenne, a. a. O., S. 236, der es auch für das fränkische Reich für wahrscheinlich hält, daß „à côté des Juifs riches et voyageurs des petits colporteurs fréquentent les marchés. Mais ce sont les Juifs qui ont continué le grand commerce".

[3]) Es ist auch hier das Verdienst W. Vogels, die handelsgeschichtliche Bedeutung der Vita des heiligen Godric (etwa 1075 unweit Kings Lynn geboren) durch eine mustergültige Interpretation dieser einzigartigen Quelle erschlossen zu haben (W. Vogel, Ein seefahrender Kaufmann um 1100, Hans. Gbll., Jg. 1912, S. 239 ff.). Dieser Godric ist in der Tat vom kleinen Hausierer zum Wander- und Fernhändler von Rang in den genossenschaftlichen Vereinigungen dieser Wanderhändler emporgestiegen. Selbstverständlich liegt es Vogel fern, nun jeden Fernhändler beim Hausierer anfangen zu lassen; diese Kombination liegt in den persönlichen Verhältnissen Godrics begründet. — Einzelne Sätze der Vita hat auch H. Planitz, a. a. O., Bd. 60, 1940, S. 14—19 interpretiert.

Aber sie sind unwesentlich für das Erfassen des Problems Magdeburg dieser Zeit. Nicht nur in den Sklaven als Handelsware verrät sich der Zusammenhang mit dem antiken Großhandel: auch bei den Einfuhrwaren werden Gewürze ihre erhebliche Rolle gespielt haben; und gerade sie sind die hochbegehrte Ware des Orients. Daneben werden Metallerzeugnisse aller Art, von den ungeprägten Silberbarren über Münzen zu Gebrauchsgegenständen, Schmuckwaren und Waffen [1]), ferner Webstoffe verschiedener Qualität und Herkunft, endlich rheinischer Wein auch in diesem Handelszuge mitgeführt

---

[1]) Das Kapitular von 805 verbietet bekanntlich den Waffenverkauf. Man wird diese Bestimmung kaum als Ausnahmebestimmung betrachten können, wie es häufig geschieht, da sie jedenfalls seit 779 mehrmals wiederholt wird: MGH. Cap., Bd. I, S. 51, Abs. 20 (779), S. 190, Abs. 7 (781?) und S. 115, Abs. 7 (803). Aber wenn auch der Waffenhandel über die Reichsgrenzen hinaus generell verboten gewesen sein soll, so beweist das noch nicht, daß er nicht stattgefunden hat. Im Abs. 7 des Kapitulars von 781? steht das Verbot einträchtig zusammen mit dem Verbot des Verkaufs christlicher und heidnischer Sklaven außerhalb der Reichsgrenzen. Wir sahen, wie wenig dies Verbot den Sklavenhandel nach Spanien verhindert hat (vgl. oben S. 20, Anm. 3). Ebensowenig wird es den Waffenhandel nach Osten gänzlich ausgeschaltet haben, wenn er nicht ohnehin späterhin gestattet war. — Über die Bedeutung der Waffen-, insbesondere Schwerterherstellung für den Export schon in der Merowingerzeit im mittleren und unteren Rheintal vgl. die Ausführungen von E. Petersen, Der ostelbische Raum als germanisches Kraftfeld im Lichte der Bodenfunde des 6. bis 8. Jahrhunderts, 1939, S. 252 ff., ein Buch, das trotz seiner zeitbedingten Tendenz (Titel!) wertvolles Material bringt. Zu der Frage der Wirkung der Ausfuhrverbote von Waffen nach dem Osten vgl. die weiteren Ausführungen von Petersen und E. A. Geßler, Die Trutzwaffen der Karolingerzeit, Basel 1908, S. 153 f. — Grundlegend für die Kenntnis der nördlichen und östlichen Verbreitung der im Rheingebiet hergestellten Ulfberth-Schwerter bleiben die Untersuchungen von H. Arbmann, Schweden und das karolingische Reich, Stockholm 1937, S. 221, 231 u. 235. Aus den sehr aufschlußreichen Feststellungen von H. Jankuhn, a. a. O., S. 6—16 ergibt sich, daß im 10. Jahrhundert diese Ulfberth-Schwerter (und allgemeiner später die „Kölner Schwerter" bergischer Herkunft) sehr wohl ins slawische Gebiet (also auch über Magdeburg) gekommen sein können, wenn auch die slawischen Bestattungssitten ihrer Erhaltung ungünstig waren.

worden sein. Diese Einfuhrwaren verteilten sich von Magdeburg aus in die weiten slawischen Gebiete. Mit gutem Grunde gehen von Magdeburg aus die alten großen Oststraßen fächerförmig aus [1]). Es entspricht nur den Voraussetzungen des damaligen Handels, daß dieser Handel, der namentlich im Einkauf durchaus Großhandel ist, bei den weiten Wanderungen der Händler durch städteloses Land die Versorgung der dortigen Konsumenten (Klöster, Bischofsburgen) mit Qualitätsware auch im kleinen übernahm. An den Endpunkten der Handelsfahrten, etwa in Mainz, wird dagegen vor allem mit einem Absatz im großen zu rechnen sein. —

Wenn auch der Magdeburger Handelswik nach dem Abzug der Fernhändlerkarawane still und öde gewesen sein wird, so war er deshalb nicht menschenleer. Der Wanderhandel als Großhandel setzte Personal mancherlei Art voraus; auch solches, das zum vorbereitenden Aufstapeln von Waren für den nächsten Kaufmannszug und deren pfleghafte Betreuung zu sorgen hatte. Auch können von der Gesamtgruppe der wandernden Kaufleute einige wenige, vielleicht wechselweise, zurückgeblieben sein, um die Verbindung mit der nächsten Saison des Wik herzustellen. Hier, vor dem Kastell, werden sich auch einzelne Krämer, Wirte und Handwerker für den örtlichen Bedarf des Kastells angesiedelt haben. Auch bildete Magdeburg, d. h. das Kastell und der Königshof, schon vor Otto dem Großen, vermutlich seit Heinrich I., den Mittelpunkt eines Burgwards [2]), d. i. eines Verwaltungsbezirkes der Grenzzone. Wenn auch alles das eine gewisse Bedeutung für die Besiedlung des Kaufmannswik gehabt haben wird, auch

---

[1]) Dem stehen die gleichfalls fächerförmig auf Magdeburg zustrebenden ältesten Weststraßen gegenüber. Vgl. W. Möllenberg, a. a. O., S. 15 f.

[2]) Erwähnt wird dieser Burgward 961 (MGH. Dipl. Otto I., Nr. 222) und 973 (Dipl. Otto II, Nr. 29, hier als „*municipium ... quod nos burgwardum dicimus*"), er bestand aber zweifellos früher; vgl. K. Uhlirz, Geschichte des Erzbistums Magdeburg, 1887, S. 123 f.

für die Errichtung einer ersten Kirche, der Stephanskirche [1]), so wird der Wik als dauernde Siedlung doch recht bescheiden gewesen sein, da ja die örtliche bleibende Konsumentengruppe, für die es sich zu arbeiten gelohnt hätte, noch sehr bescheiden war: Der wirtschaftliche Hauptcharakter des Kaufmannswik, nämlich der Umschlagplatz der wandernden Fernhändler zu sein, wird dadurch nicht wesentlich geändert worden sein. Wenn nicht etwa politische Verhältnisse — Einbrüche von Ungarn oder Slawen — das normale Leben vorübergehend unterbrachen, wird sich hier nach wie vor das Kommen und Gehen der Fernhandelszüge in regelmäßigen Rhythmen abgespielt haben. Zur Niederlassung einer größeren Zahl angesehener Fernhändler vom Rheine her vermochte die sehr begrenzte, rein örtliche regelmäßige Bedarfsbefriedigung von Kastell, Königshof, aber auch Burgward Magdeburg noch nicht anzulocken.

So mag es bis in die dreißiger Jahre des 10. Jahrhunderts gegangen sein. Aber dann wird es anders. Erneut greift die

---

[1]) Ich halte es nicht für zwingend, wie es allgemein geschieht, auch bei P. J. Meier, Gbll. f. Stadt und Land Mgdbg., Jg. 55 (1920), S. 70, aus der Gründung der Stephanskirche auf eine Kaufmannssiedlung zu schließen, zumal sowohl P. J. Meier, wie auch A. Hauck, Kirchengeschichte Deutschlands, Bd. III, S. 109 die Gründung der Stephanskirche mit dem frühesten 9. Jahrhundert in Verbindung bringen, wobei es dahingestellt sein mag, ob sie mit dem Bischof Hildigrim von Chalons (so P. J. Meier), den Hauck, a. a. O., Bd. II, S. 422, Anm., den Leiter eines Missionsgebietes Halberstadt, bevor es 827 Bistum wurde, nennt, oder mit der Stephanskirche in Metz (so Hauck, a. a. O., Bd. III, S. 109) zusammenhängt. Nach Hauck möchte man sogar annehmen, daß es sich um eine Fehlgründung der kirchlichen Missionsarbeit handelt, die bereits im 9. Jahrhundert wieder verschwand. Auch ohne angesiedelte Fernkaufleute war das Bedürfnis nach einer Kirche im Rahmen eines kirchlichen Organisationsplans für Magdeburg aus den eben angeführten Gründen örtlicher Art gegeben: Daß Burgward und Parochie sich häufig decken, betont W. Schlesinger, Die Entstehung der Landesherrschaft, 1941, S. 241. — Da der Aufenthalt der Fernhändlerkarawanen im Wik Magdeburg jedesmal mehrere Wochen umfaßt haben wird, kam für diese, soweit sie Christen waren, eine religiöse Versorgung in Frage.

große Politik in die Geschichte Magdeburgs ein; statt der Karolinger sind es die Ottonen, allen voran Otto der Große selbst. Magdeburg erhält jetzt eine ganz andere Aufgabe, als sie einst der karolingische Grenzhandelsplatz gehabt hatte. Heinrich I. stellte in der Form des Wittums für die junge Gattin des damals 17jährigen Otto diesem den Königshof Magdeburg als Eigentum und Wohnsitz zur Verfügung: Sieben Jahre hat Otto dort bis zu seiner eigenen Thronbesteigung verbracht, und der König hat in Magdeburg so oft und solange verweilt, daß Albert Brackmann und Robert Holtzmann mit gutem Grunde von dem Anfang einer festen Residenz Ottos sprechen konnten [1]). Der karolingische Königshof wurde in der Tat jetzt königliche Pfalz, und zwar als Wohnstätte des Königs bevorzugte Pfalz. Schon dadurch allein hatte sich die wirtschaftliche Bedeutung des alten Wirtschaftshofes für die Frage der Entstehung einer städtischen Siedlung grundsätzlich geändert: Der kräftige Ansatz für eine höchst anspruchsvolle Konsumentengruppe am Ort war gegeben. Dazu kam aber jene großartige Initiative Ottos des Großen für den Ausbau Magdeburgs zu einem reich ausgestatteten kirchlichen Zentrum mit ausgesprochenen Missionsaufgaben nach dem weiten Osten. Magdeburger Mauritiuskloster und Magdeburger Erzstift sind dank der Arbeiten namentlich von Uhlirz und Hauck, Kehr und Möllenberg, Brackmann und Holtzmann in ihrer hervorragenden allgemeingeschichtlichen Bedeutung allgemein bekannt. Nicht nur zur Königspfalz, auch zur Klosterimmunität und zuletzt, gegen Ende von Ottos Regierung, zur Domimmunität des Erzstifts erhöhte sich die Bedeutung des ehemaligen schlichten karolingischen Wirtschaftshofes. Dazu hat Otto bekanntlich alles getan, diese Stätten kirchlicher Kultur durch Schenkungen an Grundbesitz und nutzbaren Hoheits-

[1]) A. Brackmann, Magdeburg als Hauptstadt des deutschen Osten, 1937, S. 18 ff., und R. Holtzmann in: Magdeburg in der Politik der deutschen Kaiser, 1936, S. 50.

rechten wirtschaftlich kräftig zu machen und sie ihrem geistigen Range nach mit den besten erreichbaren Kräften zu besetzen. Und damit ergab sich auch hier der Blick nach dem Westen, zu jenem Rhein- und Moselgebiet, dessen östlichster wirtschaftlicher Exponent bisher der Wik Magdeburg gewesen war. Schon die bereits erwähnte Stephanskirche hing vielleicht mit der Metzer Stiftskirche St. Stephan oder auch mit Chalons zusammen [1]). Mönche aus dem angesehensten Kloster des westlichen Reiches, aus St. Maximin in Trier, hatten das neue Mauritiuskloster besetzt; Anno, der erste seiner Äbte, kehrte nach einigen Jahren als Bischof von Worms in seine rheinische Heimat zurück [2]). Auch der erste, persönlich bedeutende Erzbischof von Magdeburg, Adalbert, hatte im Kloster St. Maximin zu Trier begonnen. Das vom Papst ungewöhnlich geehrte neue Domkapitel zählte nicht weniger als 43 angesehene Geistliche, zu denen ihr Anhang hinzuzurechnen ist: auch dies schon ein Zeichen der wirtschaftlichen Bedeutung dieser neuen geistlichen Konsumentenschicht. Jedenfalls: von rund 930—968, dem Jahre der endgültigen Errichtung des Erzstifts, stieg die wirtschaftliche Bedeutung der Pfalz- und Immunitätssiedlung Magdeburg einzigartig schnell: und damit war die wichtigste Voraussetzung für eine wirkliche Stadtbildung gegeben: jetzt, aber nicht früher. Es ist deshalb vollkommen zutreffend, wenn die zeitgenössischen Quellen in Otto den Begründer der städtischen Periode Magdeburgs sehen: was vorher war, der Königshof mit dem Kastell und dem Wik der Wanderhändler, war nach zeitgenössischer Auffassung eben keine Stadt.

Hier haben wir die so wesentlichen Wandlungen in der Geschichte Magdeburgs unter Otto dem Großen nur ihren wirtschaftlichen Folgen nach zu erörtern. Dem jetzt einsetzenden Bedarf an Waren und Leistungen einer höchst anspruchs-

---

[1]) Vgl. die ansprechende Vermutung von A. Hauck, a. a. O., Bd. III, S. 109.

[2]) A. Hauck, ebda, S. 112.

vollen ortsansässigen Konsumentengruppe genügten die wenigen Handwerker und Krämer, die bisher beim Kastell gesessen haben mögen, nicht mehr, und eine bisher vermutlich einmal im Jahre erfolgende Versorgung mit Qualitätswaren, wie sie die Fernhändler vom Rhein her herbeiführten, auch nicht. Zur Steigerung der im örtlichen Rahmen erfolgenden Versorgung konnte man auf den Personenverband der Grundherrschaft mit ihren persönlich abhängigen Leuten zurückgreifen; andere zog die gesicherte Erwerbsmöglichkeit herbei. Aber der zum ersten Male auftretende örtliche Bedarf an Qualitätswaren, überhaupt an Fernwaren, verlangte jetzt auch eine ständige örtliche Befriedigung. Damit war aus wirtschaftlicher Notwendigkeit die Stunde gekommen, wo neben der Pfalz- und Immunitätssiedlung die wirkliche Kaufmannssiedlung entstand. Selbstverständlich hat auch Otto selbst um ihr Entstehen mit energischem persönlichen Einsatz sich bemüht, wie es die späteren Quellen mit allerlei Ausschmückung auch in bezug auf die Königin Editha zu berichten wissen; aber ebenso sicher ist es, daß ohne ein aktives eigenes Wollen auf seiten der immer noch wie in der Karolingerzeit sehr begehrten und eigenwilligen Kaufleutescharen, das dem königlichen Planen entgegenkam, nichts zu erreichen gewesen wäre [1]). Zudem liegt ein höchst interessantes Zeugnis dafür vor, daß Otto wirklich mit wesentlichen kaufmännischen Persönlichkeiten über das Problem Magdeburg und seine wirtschaftlichen Möglichkeiten verhandelt hat. In demselben Jahre, als die „*Judei vel ceteri ibi manentes negotiatores*“ in Ottos Privileg erwähnt werden, also 965, hat Otto in Magdeburg selbst mit dem Juden

[1]) Der von A. Brackmann, a. a. O., S. 10 geäußerten Ansicht, daß man Otto „als Schöpfer des deutschen Kaufmannsstandes“ bezeichnen könne, vermag ich mich nicht anzuschließen. Gefördert hat er ihn bestimmt, geschaffen aber nicht. Vgl. dazu für die spätere Zeit meine Stellungnahme zur These von H. Spangenberg, daß der Landesherr, „erst einen leistungsfähigen Stand freier Gewerbetreibender und Kaufleute schuf“ in der Hist. Zs., Bd. 150, S. 462 (F. Rörig, Territorialwirtschaft und Stadtwirtschaft).

Ibrahim ibn Jakub sich unterhalten [1]). Dieser Ibrahim war ein in Spanien oder Nordafrika angesessener Jude und betrieb, wie Georg Caro schon 1908 vermutet hat, Sklavenhandel [2]). Er war also ein geradezu typischer Vertreter des uns bereits bekannten Handelszuges von Spanien nach den slawischen Grenzländern, in denen Ibrahim auch Prag bezeichnenderweise aufgesucht hat. Für jene Wanderhändler, mit denen Ibrahim vom Rheine her in ihren Handelszügen mitgereist sein wird, lohnte es sich jetzt, aus eigenem wirtschaftlichem Interesse und unter königlicher Förderung [3]) ihren Wohnsitz endgültig vom Rhein an die Elbe, also nach Magdeburg, zu verlegen. Durch die Markenorganisation, die das Gebiet östlich Magdeburgs der politischen Organisation des Reiches einordnete, hörte zwar die alte Grenzlage des Platzes Magdeburg auf; er tauschte dafür aber eine größere Sicherheit ein und die damals sicher erscheinende Aussicht, von der neuen, jetzt zur Dauersiedlung der Fernhändler selbst gewordenen Basis aus den Wanderhandel nach dem Osten zu organisieren; sie wurde vom Rhein an die Elbe vorverlegt. Die ungewöhnlich reichen Funde von Magdeburger Münzen, ich nenne die wahrscheinlich in Magdeburg geprägten Otto-Adelheid-Pfennige und die Sachsenpfennige, in den slawischen Gebieten östlich Magdeburgs geben ein eindrucksvolles Bild von der Intensität des Handelsverkehrs Magdeburgs mit den östlichen Nachbarn [4]). Selbstverständlich mußte der Verkehr mit

[1]) Vgl. R. Holtzmann, Otto der Große, 1936, S. 148. Dazu den Bericht Ibrahims in der Übersetzung Widukinds von P. Hirsch, Geschichtsschreiber der deutschen Vorzeit, Bd. 33, 5. Aufl. 1931. Wie ich nachträglich feststelle, hat W. Koppe in dem Sammelwerk „Deutsche Ostforschung", hrsgbn. von H. Aubin u. a. 1942. Bd. I, S. 261, endgültig Magdeburg und das Jahr 965 für diese denkwürdige Unterredung gegen G. Jacob, der die Unterredung nach Merseburg und ins Jahr 973 verlegen wollte, sicher gestellt.

[2]) G. Caro, a. a. O., S. 192 und 195.

[3]) Dazu mag auch zinsfreie Überlassung des Grund und Bodens für Wohnstätten durch Otto selbst gehören.

[4]) Vgl. A. Suhle, a. a. O., S. 37 f. [Zu der Besprechung der Abhandlung von Fr. Rörig durch W. Hävernick in den Hamburger Beiträgen

dem Westen, der alten Basis, aufrechterhalten, ja noch belebt werden: nur werden diese Züge jetzt nicht nur vom Westen nach dem Osten, sondern auch vom Osten, d. h. von Magdeburg als Ausgangsbasis nach dem Westen organisiert. Wenn Otto der Große und Otto II. die rheinischen Handelsplätze Mainz, Köln und Tiel am Niederrhein als die Plätze nennen, wo die den Magdeburger Kaufleuten gewährte Zollfreiheit nicht gälte, so hat der sehr kritische, gerade in bezug auf Magdeburg aber auch überkritische Hermann Bächtold[1]) damit zwar recht, daß man aus diesem Privileg noch nicht ohne weiteres schließen dürfe, daß die Magdeburger Kaufleute wirklich auch dorthin gezogen wären; aber die ganzen Voraussetzungen, aus denen die Kaufmannstadt Magdeburg erwuchs, lassen es geradezu als selbstverständlich erscheinen, daß diese an die Elbe übergesiedelten rheinischen Wanderhändler die Verbindung mit den Rheinplätzen nach wie vor benötigten, als Versorgungsbasis mit Westwaren, aber auch als Absatzplätze ihrer Ostwaren. In der Zeit des Ausgangs Ottos des Großen bis zum Wendenaufstand von 983 muß Magde-

zur Numismatik, Heft 5, 1951, Herausg. W. Hävernick, S. 114 f., in der die Otto-Adelheidpfennige als Magdeburger Prägungen abgelehnt werden, ist zu bemerken, daß es sich hierbei um ein bis heute von der Numismatik nicht endgültig gelöstes Problem handelt. Auch die von Hävernick zitierte Arbeit von Vera Jammer, Die Anfänge der Münzprägung im Herzogtum Sachsen (10. u. 11. Jhdt.), Hamburg 1952, bringt noch keine abschließende Klärung, ob die Otto-Adelheidpfennige in Magdeburg oder Goslar geprägt sind. A. Suhle möchte an ihrer Prägung in Magdeburg festhalten. Auch die zeitliche Ansetzung ist noch immer umstritten; die Hauptmenge gehört zweifellos in den Ausgang des 10. Jahrhunderts. Die älteren Sachsenpfennige werden dagegen jetzt allgemein für Magdeburg beansprucht für die Zeit vor und um 950.]

[1]) H. Bächtold, Der norddeutsche Handel im 12. und beginnenden 13. Jahrhundert, 1910, S. 163 ff., mit seiner in vielem gewiß berechtigten Kritik an den Ausführungen E. Ilgensteins, Handels- und Gewerbegeschichte der Stadt Magdeburg im Mittelalter, Mgdbg., Gbll. 43, 1908. Zu der stark „geopolitisch" unterbauten Darstellung des Magdeburger Handels von H. Gröger in dem Sammelwerk, Magdeburg in der Politik der deutschen Kaiser, 1936, vgl. W. Vogel, Hans. Gbll., Jg. 1937 (1938). S. 215 ff.

burg tatsächlich der kaufmännischen Initiative als ein Platz der unerschöpflichen Möglichkeiten erschienen sein, und zwar für die in Magdeburg jetzt selbst ansässige Kaufmannschaft: für die Judei vel ceteri ibi manentes negotiatores.

Der wesentliche Unterschied zwischen der von mir gegebenen Darstellung der Vorgänge unter Otto dem Großen und der älteren Auffassung liegt darin, daß diese von der Verlegung einer bereits vorhandenen Marktsiedlung Magdeburg an der Elbe selbst auf den Höhenrücken nördlich des Domes spricht, während nach meiner Ansicht eine wirkliche Siedlung von Kaufleuten in Magdeburg von nennenswertem Umfang erst unter Otto dem Großen aus den genannten Gründen möglich ist und von vornherein auf dem Höhenrücken erfolgt ist [1]). Das Wort „*negotiatores manentes*" will dahin verstanden sein, daß eben damals oder kurz zuvor dieses „*manere*", dieses Wohnen erst begann, während bis dahin für dieselben Kaufleute ein anderes Wort angebracht gewesen wäre: „*frequentare*", d. h.: in regelmäßigen Wanderzügen einen Ort auf-

---

[1]) Meine Ausführungen über den scharfen Unterschied zwischen „Wik" und späterer kaufmännischer Marktsiedlung an anderer Stelle beziehen sich nur auf Magdeburg. Sie stellen keineswegs in Abrede, daß in anderen Fällen sich ein Kaufmannswik selbst zu einer wirklichen Marktsiedlung mit ansässigen Fernkaufleuten entwickelt hat, wie wir es etwa von Dorstadt wissen. Vgl. B. Rohwer, a. a. O., S. 40 ff. Aber auch dort (a. a. O., S. 53) bleibt der „Markt" „zur Hauptsache Händlertreffpunkt, eine Zwischenhandelsstation. Nur ein kleiner Teil der an ihnen tätigen Händler ist in ihnen ansässig". — Andere Wiken, die nicht, wie Dorstadt, einer frühzeitigen Zerstörung anheimfielen, haben sich zweifellos unmittelbar zu wirklichen Städten weiterentwickelt, etwa Stade (vgl. H. Wohltmann, Die Anfänge der Stadt Stade, Hans. Gbll., 69, Jg. 1950, S. 46 ff.). — Bei Magdeburg will aber beachtet sein, daß hier der alte Wikort räumlich sich nicht zur Weiterentwicklung eignete (vgl. unten S. 38 f.), und daß bis zur Zeit Ottos d. Gr. die wirtschaftlichen Voraussetzungen für eine kaufmännische Marktsiedlung fehlten. Eine „Marktsiedlung" vorher im Wik könnte nur kleine Leute umfaßt haben, nicht aber angesessene Fernhändler. Der Fall Magdeburg zeigt deutlich, wie wenig mit generalisierenden Auffassungen dem Stadtproblem im einzelnen beizukommen ist.

suchen, in ihm länger verweilen, „*morari*" [1]), aber nicht wohnen, „*manere*". Was in Magdeburg um 950 vor sich geht, findet seine anschauliche Erklärung am besten in einem Vorgang, der sich rund 250 Jahre später im Ostseegebiet abspielt. Als sich damals die Ostsee den deutschen, nun längst in wirklichen Städten seßhaften Kaufleuten erschließt, beginnt noch einmal von der Basis der Städte von Groningen bis Lübeck aus ein „Wandern" der Kaufleute dieser Städte über See, von Lübeck über Gotland und über die baltische Küste bis zu dem russischen Stapelplatze Nowgorod am Ilmensee. In vollkommen regelmäßigen Rhythmen verlaufen diese straff organisierten Handelszüge. Aus der Gesamtzahl dieser „*frequentantes*", so lautet damals das Wort für Wanderhändler, sondern sich kleine Gruppen von „*manentes*", von Bleibenden, aus, und sie sind es, die an bestimmten Punkten der Reiseroute Kaufmannsstädte anlegen und deren führende kaufmännische Bevölkerung bilden: in Wisby, in Riga, in Reval [2]). Etwas grundsätzlich Gleiches ist 250 Jahre früher in Magdeburg erfolgt, als rheinische Wanderkaufleute in Magdeburg auch zu „*manentes*" wurden. Auch sie haben, soziologisch gesehen, die für die Stadtentwicklung maßgebliche Bevölkerungsschicht gebildet.

Auch eine andere Erwägung spricht dafür, daß eine Kaufmannssiedlung erst mit der Siedlung auf dem Höhenrücken begann. Denn für anspruchsvollere Bewohner war unten an der Elbe keineswegs der rechte Platz. Mag der Bericht über die am Elbufer liegende, von Wasserfluten zerstörte Stephanskirche übertrieben sein: In den Hochwasserperioden der Elbe

---

1) Über die Bedeutung des Wortes „*morari*" vgl. W. V o g e l , a. a. O., S. 31. Es kommt allerdings auch in der Bedeutung von „*habitare*", „*manere*" später vor.

2) Vgl. F. R ö r i g , Reichssymbolik auf Gotland, 1940, auch Hans. Gbll. Jg. 64, 1940, insbesondere S. 28 ff. die Ausführungen über die Siegel der „*Theutonici Gotlandiam frequentantes*" und der „*Theutonici in Gotlandia manentes*", sowie S. 51 ff. die Darstellung der Anfänge Rigas.

war dort unten bestimmt kein angenehmer Aufenthalt. Während dieser waren aber die Wanderhändler gewiß nicht in dem Wik an der Elbe. Zum vorübergehenden Aufenthalt mochte der Wik für den Grenzhandel zweckmäßig sein; als es aber galt, zum Wohnen überzugehen, hieß es für diesen ganz anderen Zweck eine andere Stätte zu finden, die sich zugleich auch nach der jetzt so bedeutsamen Pfalz- und Immunitätssiedlung hin orientierte. So ergab sich ohne weiteres das Hochufer der Elbe als die gegebene Stätte für die neue Siedlung.

Jene wandernden Kaufleutescharen, wie sie das frühe, auch noch das hohe Mittelalter kennt [1]), sind also die unmittelbaren Fortsetzer des bis zu den berühmten Bernsteinküsten wandernden Fernhändlers der Spätantike, von Syrern, Byzantinern, Römern und Juden, die über Marseille nach dem Norden vorstießen. In der Regel handelt es sich dabei um einen Wanderhandel aus einem höher zivilisierten Gebiet mit festansässiger kaufmännischer Bevölkerung in ein Gebiet noch unentwickelten städtischen Lebens und geringer wirtschaftlicher Erschlossenheit, also um die Überwindung eines Kulturgefälles. Nur verrückt sich dabei die Operationsbasis immer weiter nach Norden und Osten: von der Rhone [2]) zum Rhein, vom Rhein zur Elbe, vom Raum bis zur Niederelbe mit dem Wikort Stade [3]) hinüber nach Lübeck, von dort an die Gegenküste der Ostsee zu den baltischen Städten. In dieser Entwicklungsreihe bildet die Entstehung der Kaufmannstadt Magdeburg im 10. Jahrhundert den Wendepunkt für die endgültige Verschiebung der Grenze des seßhaften Kaufmanns nach dem Osten, vom Rhein zur Elbe. Hier liegt die allgemeingeschicht-

---

[1]) Vgl. oben S. 14, Anm. 1.

[2]) Die auch sehr wesentliche Richtung von Italien zur Donau (Regensburg!) berücksichtige ich in diesem Rahmen nicht. Über die Bedeutung dieses „Römerhandels", der keineswegs nur Grenzhandel am Limes war, insbesondere auch die Stellung von Regensburg in ihm, vgl. A. Dopsch, a. a. O., S. 450 ff.

[3]) Vgl. über Stade H. Wohltmann, a. a. O., S. 46 ff.

liche, nicht nur siedlungsgeschichtliche Bedeutung der Ablösung des Wik Magdeburg durch die Kaufmannstadt Magdeburg.

Bisher habe ich die Stadt Magdeburg gewissermaßen von innen her aufzubauen versucht, von den wirtschaftlichen und politischen Kräften des Menschen selbst, seinem Raumüberwinden und seinem Raumgestalten. Ein Wort muß aber noch über den konkreten Niederschlag dieser Strebungen im Raume dieser Stadt selbst gesagt werden, also über die örtliche Gestaltung der Siedlung Magdeburg. Hier fasse ich mich bewußt kurz. Denn hier vermag ich nicht durch eigene ortsgeschichtliche Forschung neue Ergebnisse zu bringen. Und dann scheint es mir richtiger zu sein, der Spatenforschung, von der wir nach ihren großen Erfolgen um das Magdeburg des 13. Jahrhunderts auch eine gesicherte Klärung der älteren Magdeburger Siedlungsgeschichte erhoffen, in diesem Augenblick nicht vorzugreifen. Aber einige Anregungen und Hinweise wird sie vielleicht meinen Ausführungen entnehmen können.

Fest steht die Lage des Wiks Magdeburg am Elbufer. Nicht nur wegen des betrüblichen Schicksals der Stephanskirche, sondern auch wegen der Tatsache, daß Wikorte wenn irgend möglich am Flusse selbst liegen. Dorstadt ist auch hier das bekannteste Beispiel. Das übrige bleibt aber noch zweifelhaft. Der Möllenbergschen Idee, dieses Magdeburg habe in der Gegend des heutigen Elbebahnhofs gelegen, stehe ich skeptisch gegenüber. Sie scheint mir durch die nicht zutreffende Annahme einer Marktsiedlung oder Kaufmannssiedlung schon im 9. Jahrhundert bestimmt zu sein. Denn für diese glaubte Möllenberg mit dem engen Raum des Elbufers unmittelbar am Domfelsen nicht auskommen zu können. Aber diese Marktsiedlung hat meines Erachtens als solche nie existiert, und wiederum ist für die Wikorte eine ganz bestimmte Anlage charakteristisch: die einstraßige und, wie bei Dorstadt, nur an der einen Seite bebaute, nach dem Flusse zu unbebaute Form. Für eine solche Siedlung kommt man aber mit einem auch nur schmalen Raum am Flusse aus. Bekanntlich will P. J. Meier diese „karolingische Kaufmannssiedlung", wie er sie nennt, in der er aber, und vollkommen mit Recht, zunächst wenigstens keine „dauernde Ansiedlung" erblickt, in die Gegend vor der heutigen Knochenhauerstraße verlegen [1]), also erheblich weiter nördlich vom Domfelsen. Der Südlagethese Möllenbergs und der Nordlagethese Meiers für den Wik gegenüber ist es doch vielleicht ratsam, die Lage unmittelbar am Domfelsen selbst noch einmal zu erwägen, zumal hier der Wik am besten von dem doch wohl mit dem Königshof in unmittelbarer Verbindung stehenden Kastell geschützt worden wäre [2]).

Auch über die Lage der wirklichen Kaufmannstadt besteht in der Hauptsache, nämlich ihrer Lage auf dem Höhenrücken, kein Zweifel: sie lag in der Gegend der Johanniskirche. Ob nun wirklich, wie P. J. Meier will, zunächst auch hier nur ein Einstraßenmarkt, aber zweiseitig bebaut, errichtet sein soll, erscheint mir zweifelhaft: die herrschende Meinung von einer weit großräumigeren Anlage der Marktsiedlung um den alten Markt herum aus der Frühzeit der Regierung Ottos des Großen hat manches für sich; hier helfen vielleicht die Ergebnisse der Ausgrabung weiter. Jedenfalls geben uns die Daten über die Entstehung der Johanniskirche, der „*ecclesia popularis*", auch „*forensis*" und „*mercatorum*", einen deutlichen Hinweis für die zeitliche und räumliche Einordnung der ottonischen Kaufmannsstadt: 941 wird die Johanniskirche von Otto dem Moritzkloster inkorporiert. Damals muß die neue wirkliche Marktsiedlung Magdeburg auf der Elbhöhe bereits in ihren Grundlagen vorhanden gewesen sein.

---

[1]) [Nach einer freundlichen Mitteilung von W. Unverzagt, hat die Durchforschung des Geländes am Knochenhauer Ufer keine Anhaltspunkte für das Vorhandensein einer karolingischen Anlage ergeben.]

[2]) Die Arbeiten von W. Möllenberg und P. J. Meier finden sich im Jg. 55 (1920) der Gbll. f. Stadt und Land Mgdbg.; erstere erschien noch einmal 1936 selbständig: Magdeburg um 800.

Damals wird also Magdeburg unter Überspringung des ganzen mittleren Deutschlands [1]) vom Rhein, einschließlich seinem westfälischen Grenzgebiet mit Soest und Dortmund, die erste wirkliche Stadt im Osten mit einer den rheinischen Städten verwandten wirtschaftlichen, sozialen und verfassungsmäßigen Struktur. Seitdem setzt in dem bis dahin übersprungenen städtelosen Raume, vor allem in dem Magdeburg benachbarten Ostfalen, die Wandlung zur Stadt ein; und, was besonders beachtlich ist, nicht in der Richtung von Westen nach Osten, sondern von Osten nach Westen, also von Magdeburg her. Städte gab es bis dahin hier nicht. Man darf sich durch den klangvollen Namen der ostrheinischen Bischofsstädte, die auf karolingische Gründung zurückgehen, über den wahren Charakter dieser Orte im 9. und auch noch im 10. Jahrhundert nicht täuschen lassen. Sie waren nicht Städte, sondern weit eher fränkische Königshöfe in geistlichem Gewande: Domburgen. Sie mögen über einzelne Handwerker und Krämer verfügt haben; aber wirkliche Kaufleute saßen in ihnen nicht [2]). Diese Bischofsburgen hatten sie auch nicht

---

[1]) [Rörig beabsichtigte, in dieser 2. Auflage einer Anregung von W. Schlesinger zu folgen und Erfurt in den Rahmen seiner Betrachtung mit einzubeziehen, obwohl, wie er in einem Briefe an W. Schlesinger vom 2. 8. 51 schreibt, Erfurt „für seinen Gesichtskreis zu südlich lag". Auch Saalfeld und Halle mit ihrer Verbindung zu dem östlicheren Meißen sollten noch berücksichtigt werden. Einer Einbeziehung von Goslar stand Fr. Rörig dagegen zweifelnd gegenüber; denn „sein Emporsteigen zu einer städtischen Siedlung setzt, soweit ich es beobachten kann, erst im späten 10. Jahrhundert mit dem Hochkommen des Bergbaues ein." An die Königspfalz Werla, die in sächsischer Zeit den bedeutenden politischen und wirtschaftlichen Mittelpunkt der Harzlandschaft bildet, schließen sich wohl auch Anfänge einer Kaufmannssiedlung an; im 11. Jahrhundert wird ihre Tradition mehr und mehr von Goslar übernommen, das zu einer echten Stadt emporsteigt (vgl. W. Grosse, Werla und die Geschichte der Nordharzlandschaft, Zs. d. Harzvereins, 68. Jg. S. 1 ff) u. 70. Jg. S. 125 f.]

[2]) Die bisherige Forschung spricht meines Erachtens zu früh von „Handelsniederlassungen" von Kaufleuten (z. B. die im übrigen an Quellenstellen für den „Wik" reiche und darstellerisch fördernde Untersuchung von

nötig: denn wie sie selbst aus königlicher Planung erwachsen waren, so lagen sie an den karolingischen Heer- und Handelsstraßen, und auf diesen wanderten immer wieder die Fernkaufleute vom Mittel- und Niederrhein an ihnen und auch an Klöstern, wie Gandersheim und Corvey, vorüber. Durch sie wurde auch der Bedarf dieser geistlichen Korporationen zunächst ausreichend gedeckt, soweit man nicht selbst Wareneinkauf durch klösterliche Aufkäufer auf weitere Entfernungen hin organisierte. Man tat auch ein übriges, um die wandernden Fernhändler zum Aufsuchen solcher Plätze zu veranlassen: 950 hören wir von einer „*domus mercatorum structa pro commoditate et securitate mercatorum*", welche das Kloster Corvey errichtet hatte [1]). Die älteste Form der sogenannten Marktanlage dieser Bischofsstädte war bezeichnenderweise der Straßenmarkt, wie wir ihn für echte Wikorte kennengelernt haben: die typische Form auch der Raststätte der weiterziehenden Fernhändler.

Nach dem Ausreifen der wirklichen Kaufmannssiedlung Magdeburg ändern sich aber auch die Verhältnisse des Zwischenraumes hinüber zum Rhein hin. Noch unter Otto II. erhält der Merseburger Bischof Zoll und Münze: eine Kaufleutesiedlung, als deren Einwohner auch hier Juden an erster Stelle genannt werden, wird dabei ausdrücklich erwähnt [2]). Das Recht, einen Markt zu errichten, erhielt der Halberstädter Bischof 989; er wurde unmittelbar unter der Domburg an-

H. Planitz, Zs. d. Sav. St. f. Rechtsgesch. GA. Bd. 63, S. 19). — Wenn C. Schuchardt, Frühgeschichtliche Befestigungen in Niedersachsen, 1924, S. 66 von den karolingischen Königshöfen feststellt, daß in ihnen „für Menschen nur ein paar einräumige Häuser gewesen sind", dann wird deutlich, wie wenig der einfache Königshof von Hause aus zu einer „Handelsniederlassung" anregen konnte.

[1]) E. Jacobs, Markt und Rathaus, Spiel- und Kaufhaus, Zs. d. Harzvereins, Bd. 18, 1885, S. 211. — Ich verdanke den Hinweis auf diese Stelle, wie auch die auf S. 23, Anm. 1 zitierte, B. Schwineköper. Auch der Hinweis auf Werla u. der Schluß der Anm. S. 17 gehen auf ihn zurück.

[2]) S. Rietschel, a. a. O., S. 61 f.

gelegt [1]): auch hier werden jetzt ansässige Kaufleute erwähnt. Quedlinburg entsteht 994 als königliche Marktgründung, die dem 936 gegründeten ottonischen Hauskloster geschenkt wird [2]).

Die Domburg Halberstadt war also rund 160 Jahre lang auf Bedarfsdeckung durch Wanderhändler angewiesen, und das Kloster Quedlinburg ist rund 60 Jahre von den „*mercatores itinerantes, transeuntes, euntes et redeuntes*" [3]) versorgt worden. Unter ausdrücklicher Berufung auf das Magdeburger Vorbild wird das jetzt anders. Als etwas später, um 1030, das Bistum Zeitz nach Naumburg verlegt wurde, da hat der erste Naumburger Bischof eine vermutlich auf der Wanderung befindliche Kaufleuteschar, die bei der Burg der Ekkehardiner in Groß-jena ihren Rastplatz gehabt haben wird [4]), zur endgültigen Niederlassung in Naumburg bestimmt, und damit entstand die noch heute deutlich als solche zu erkennende Naumburger Marktsiedlung. Zu den erheblichen Anerbietungen, mit denen der Bischof die Kaufleute gewann, gehörte die Zinsfreiheit ihrer Hausgrundstücke, wie auch einst Otto der Große in Magdeburg den sich niederlassenden Kaufleuten zinsfreies Eigentum gewährt haben wird. Man brauchte eben diese Kaufleute, wenn städtisches Leben entstehen sollte, und sie konnten ihre Bedingungen stellen.

Der Stadtentstehung von Magdeburg her in Richtung Westen, für die ich einige Beispiele brachte, entspricht eine

---

[1]) Ebd., S. 68 f.

[2]) Ebd., S. 75.

[3]) Vgl. die Zusammenstellung der Bezeichnung für Wanderhändler in der Urkundensprache des 10. Jahrhunderts bei H. Planitz, a. a. O., S. 40.

[4]) Die bisher übliche These, daß es sich um eine in Großjena ansässige „Kaufmannsgemeinde" gehandelt habe, ist meines Erachtens schon aus allgemeinen wirtschaftlichen Gründen ausgeschlossen. Wovon wollte eine „Kaufmannsgemeinde" in Großjena an der Unstrut leben? — [In dem oben genannten Brief hat Fr. Rörig jedoch später W. Schlesinger zugestimmt, daß man in Groß-Jena im 10. Jahrhundert wohl doch ansässige Kaufleute annehmen könnte.]

gleiche vom Westen ostwärts: Jenes Kloster Gandersheim, das im 9. und 10. Jahrhundert der Halteplatz der Rhein-Elbekaufleute war, erhält 990 durch königliche Autorität Markt, Zoll und Münze, und die ansässigen Kaufleute des neuen Marktortes erhalten das Dortmunder Kaufleuterecht [1]). Dies eine Beispiel muß hier genügen. —

Als dieser Vorgang der Stadtwerdung allgemein zwischen Elbe und Rhein einsetzte, erlitt Magdeburg einen Schlag, von dem es sich sobald nicht wieder erholen sollte: Das war der Wendenaufstand des Jahres 983 mit all seinen politischen Folgen. Sie wurden durch den Fehlschlag der an sich großzügigen, den Frieden wollenden politischen Pläne Ottos III., insbesondere Polen gegenüber, noch verschärft: Man denke an die schweren Kämpfe, die noch Heinrich II. gegenüber den auf einen westslawischen Großstaat zielenden Plänen von Boleslaw dem Kühnen, die sich gegen Böhmen, das Reich und Rußland richteten, zu bestehen hatte. Es ist sehr wohl möglich, daß diese sich über Jahrzehnte hinziehende allgemeine Depression im Elbegebiet Magdeburger Kaufleute ihre Blicke wieder mehr nach dem Westen richten ließ, daß sie sich an der Entstehung der jüngeren ostfälischen Städte beteiligten oder sich zur Rückwanderung auf die alte Basis, das Rheingebiet, bestimmen ließen. Es ist immerhin auffallend: Von Juden an der Spitze der Magdeburger Kaufmannschaft erfahren wir nichts mehr [2]); bei Worms konnten aber noch bei Interpolation in das Privileg von 1074, die noch vor 1096 er-

---

[1]) MGH. Dipl. O. III, Nr. 66.

[2]) Schon G. Caro, a. a. O., S. 167, ist es aufgefallen, daß in zwei Urkunden Ottos II., in denen allein noch Juden begegnen (973 UB. Erzstift Mgdbg., Nr. 74, 979 ebd. Nr. 88), die Juden jetzt an zweiter Stelle, unter den „*negotiatores*" (nicht einfach „Gewerbetreibende", sondern hier = *mercatores* im engeren Sinne gemeint, diese zum mindesten mit umfassend) stehen. Hinzuzufügen wäre, daß das Privileg für Magdeburger Kaufleute von 975 (UB. d. Stadt Mgdbg., Nr. 14) bereits nur die „mercatores ibi habitantes" nennt.

folgt sein muß, „*Judei et coeteri (Wormatienses)*“ eingeschoben werden[1]).

Als um 1000 das Leben des heiligen Adalbert von Prag niedergeschrieben wurde, bemerkte dessen Verfasser von Magdeburg: „Die ehrwürdige Stadt, ehedem weit und breit unter den Völkern berühmt und eine von den großen Städten, solange Otto I. das Szepter führte, ist jetzt ein halbverwüsteter Ort und ein unsicherer Aufenthalt für Schiffer“ [2]). Man kann vermuten, daß diese Nachricht etwas übertrieben sein mag; sie allzu sehr abschwächen oder gar ausschalten zu wollen, verbietet sich bei der Entstehungszeit um 1000 von selbst. Mit 983 setzt zweifellos eine scharfe Wendung in der bis dahin so ungemein aufstrebenden Entwicklung Magdeburgs ein. Sie traf vor allem die wirtschaftliche Grundvoraussetzung der ganzen Neugründung der Kaufmannsstadt: von dieser Basis aus der Mittler zu sein vom Westen hinüber in die weiten slawischen Gebiete. Gewiß, die zweite Aufgabe, die Deckung des örtlichen Bedarfs der Dom- und Klosterimmunität blieb; aber sie allein reichte bei weitem nicht, um eine so große und selbstbewußte Kaufmannschaft zu binden. Die großen Hoffnungen, die Magdeburg als dem großen zentralen Wirtschaftsplatz nach dem Osten hin galten, wurden nicht minder enttäuscht, als die hochgespannten Erwartungen, die man auf die kirchlich-politische Funktion Magdeburgs gesetzt hatte.

Was wir für die Zeit von 983 bis zur Mitte des 12. Jahrhunderts von Magdeburg wissen, ist dürftig genug, und als mit Erzbischof Wichmann eine neue Zeit für Magdeburg anbricht, ist der Abstand gegen die Zeiten Ottos I. auffallend. Um hier nur eins zu nennen: Die Magdeburger Kaufleute des 10. Jahrhunderts, wirkliche mercatores regis, konnten sich rühmen, von Otto dem Großen und Otto II. unmittelbar Privilegien erhalten zu haben, was ihre gildenmäßige Verfassung zweifellos

---

1) Vgl. oben S. 24, Anm. 1.

2) Vita Adalberti episcopi, MGH., SS, Bd. IV, S. 582.

voraussetzt [1]). Dem stelle ich die bekannte Nachricht aus der Zeit Wichmanns gegenüber, daß der erzbischöfliche Stadtherr damals erst eine Gilde der Gewandschneider, d. h. der mit dem alleinigen Ausschnitt des flandrischen Tuches bevorrechtigten Fernhändler, ins Leben gerufen haben soll. Zweifellos ein seltsamer Widerspruch! Vergleicht man weiter etwa die Errungenschaften der Kölner Bürgerschaft des 12. Jahrhunderts ihrem Stadtherren gegenüber in der Auseinandersetzung mit ihm auf dem Gebiete von Verwaltung und Recht mit der gleichzeitigen Lage der Magdeburger Bürgerschaft, so ist die weit stärkere Bindung der Magdeburger an die stadtherrliche Gewalt offensichtlich; ein „Fortschritt" ist gegenüber dem 10. Jahrhundert auf diesem Gebiete gewiß nicht erreicht.

Das Magdeburg des 13. Jahrhunderts, dessen Bauten jetzt dem Schutt der Jahrhunderte abgerungen werden, ist wieder ein Magdeburg des Aufstiegs, und zwar des bürgerlichen Aufstiegs in Wirtschaft, Verfassung und Recht. Ratsverfassung, das Palladium der städtischen Selbstverwaltung, und Stadtsiegel, das Zeichen der Rechtspersönlichkeit der Stadt, haben sich um 1240 durchgesetzt; mit dem Erwerb des Schultheißenamts vom Stadtherrn 1284 ist ein gewisser Abschluß gegeben. Die Voraussetzungen von Handel und Wirtschaft haben sich inzwischen gewandelt: nach Osten lagern sich neue Städte vor: Brandenburg, Spandau, Berlin, endlich Breslau und Posen. Nicht als ob der West-Osthandel der Magdeburger deshalb aufgehört hätte; aber jetzt wirkte das von der Hanse aufgebaute nordeuropäische Wirtschaftssystem wie ein Magnet auf Magdeburg. Der Elbhandel, der gehandelten Ware nach in erster Linie Getreidehandel in der Ausfuhr, Tuchhandel in der Einfuhr, gewann eine erhebliche Bedeutung: Hamburg und Lübeck wurden die Anschlußplätze nach der Nordsee und der Ostsee. Der alte Grenzhandelsplatz, der sich in der Ottonenzeit zur überragenden Stadt mit nach Osten gewand-

[1]) Das ist auch die Meinung von H. Planitz, a. a. O., Bd. 63, S. 58 ff.

tem Gesicht aufschwang, ist nach einer ernstlichen Krisis ein Binnenhandelsplatz von erheblicher Bedeutung geworden.

Doch das sind nur flüchtige Andeutungen. Mein Thema bricht mit der Frühzeit Magdeburgs, also der Ottonenzeit, ab. Als sein allgemeingeschichtliches Ergebnis darf ich zusammenfassend etwa nennen: Den Nachweis der Kontinuität des aus der Spätantike stammenden Wanderhandels von Rang, des Karawanen-, nicht Hausiererhandels, über die Merowingerzeit hinweg durch die Karolingerzeit in die Ottonenzeit hinein. Juden als bevorzugte Träger dieses Handels, Sklaven als eine seiner Waren sind die sicheren Beweise dieser Kontinuität. Diese wagenden Wanderhändler, nicht kleine örtlich orientierte Händler, die erst im 9. Jahrhundert sich zum Fernhandel aufschwangen [1]), schaffen die wesentlichen wirtschaftlichen Voraussetzungen für eine der Vorformen städtischen Wesens, die Wikorte, und schalten sich dann als unentbehrlichen aktiven Faktor in das Werden wirklicher Städte im 10. Jahrhundert ein. In diesem Zusammenhang hat das werdende Magdeburg wie eine vereinheitlichende, zusammenfassende Klammer gewirkt, von der Elbe hinüber zum Rhein. Über seinem Werden steht der Satz: „Am Anfang der deutschen Geschichte steht das fränkische Reich", und nicht, wie es Haller formuliert hat, der Partikularismus. Karl der Große und Otto der Große haben bewußt nach dieser Richtung im Falle Magdeburg gehandelt, beide in enger Zusammenarbeit mit der von ihnen ihrer Organisation nach gelenkten Kirche. Dieser Erfolg wäre aber nicht möglich gewesen ohne die raumüberwindende und raumgestaltende Kraft des frühmittelalterlichen Kaufmanns.

---

[1]) So zuletzt H. Planitz, a. a. O., Bd. 60, S. 14 ff. Es möchte mir scheinen, daß H. Pirenne noch 1927 („Les villes du moyenâge", insbesondere S. 95 ff.) dieser Auffassung näher stand, als kurz vor seinem Tode, 1935, als er das 1937 postum erschienene Werk „Mahomet et Charlemagne" niederschrieb. Denn in ihm ist eine, wenn auch stark eingeschrumpfte Kontinuität des spätantiken Fernhandels mehrmals, namentlich im Zusammenhang mit dem jüdischen Problem, anerkannt (z. B. S. 153 und 236).

FSC
www.fsc.org
MIX
Papier | Fördert gute Waldnutzung
FSC® C083411

Kolibri 360 GmbH
Ferdinand-Jühlke-Straße 7
99095 Erfurt, Deutschland
produktsicherheit@kolibri360.de